U0515289

新时代贵州培育良好营商环境的实证研究

王小清　项凯标　姚　良　王楚涵　著

中国财经出版传媒集团

经济科学出版社
Economic Science Press

图书在版编目（CIP）数据

新时代贵州培育良好营商环境的实证研究/王小清
等著. －－北京：经济科学出版社，2022.7
ISBN 978 - 7 - 5218 - 3843 - 5

Ⅰ. ①新… Ⅱ. ①王… Ⅲ. ①投资环境 - 研究 - 贵州
Ⅳ. ①F127. 73

中国版本图书馆 CIP 数据核字（2022）第 120942 号

责任编辑：庞丽佳 刘子鋬
责任校对：蒋子明 刘 娅
责任印制：邱 天

新时代贵州培育良好营商环境的实证研究

王小清 项凯标 姚 良 王楚涵 著
经济科学出版社出版、发行 新华书店经销
社址：北京市海淀区阜成路甲 28 号 邮编：100142
总编部电话：010 - 88191217 发行部电话：010 - 88191522
网址：www. esp. com. cn
电子邮箱：esp@ esp. com. cn
天猫网店：经济科学出版社旗舰店
网址：http://jjkxcbs. tmall. com
北京时捷印刷有限公司印装
710 × 1000 16 开 17.75 印张 250000 字
2022 年 10 月第 1 版 2022 年 10 月第 1 次印刷
ISBN 978 - 7 - 5218 - 3843 - 5 定价：59.00 元
（图书出现印装问题，本社负责调换。电话：010 - 88191510）
（版权所有 侵权必究 打击盗版 举报热线：010 - 88191661
QQ：2242791300 营销中心电话：010 - 88191537
电子邮箱：dbts@ esp. com. cn）

本书感谢以下基金的资助

贵州省哲学社会科学规划一般课题"新时代贵州经济高质量发展与绿色发展耦合协调机制研究"（编号：21GZYB11）

贵州省哲学社会科学规划一般课题"新时代贵州培育良好营商环境及对经济影响机理研究"（编号：19GZYB71）

贵州大学文科研究一般项目"科技创新驱动高质量发展的影响因素研究"（编号：GDYB2021021）

贵州大学文科研究一般项目"贵州省智慧城市高质量发展研究"（编号：GDYB2021024）

贵州省教育厅高校人文社会科学研究项目"新时代下贵州省企业家精神培育的研究"（编号：2018GH02）

贵州大学统战专项研究课题："民营企业在高质量发展中促进共同富裕的方式研究"（编号：GDZX2022015）

　　党的十九大报告提出，要"全面实施市场准入负面清单制度，清理废除妨碍统一市场和公平竞争的各种规定和做法，支持民营企业发展，激发各类市场主体活力"。良好的营商环境可以评判一个地区经济抵抗风险压力的能力，是一个地区用于构建和谐、公平、公正市场环境、提升区域竞争力的重要因素。营商环境的优劣可以看出一个地区市场发展的活力、综合实力和发展潜力，以及对外开放的程度。优化营商环境是我国经济高质量发展与治理现代化的重要内容，构建国际一流的营商环境需要以政策制度作为推进与实施保障。

　　本书针对营商环境对经济发展的影响分析包含两方面内容，一方面，研究通过培育新时代贵州省营商环境，激发企业家精神，激活市场活力以及社会活力，实现营商环境对经济发展的"创造效应"；另一方面，统筹区域发展，协调区域间营商环境以及生产要素和资源禀赋的有机发展，研究通过营商环境的"空间溢出效应"打造贵州区域经济发展极。本书为贵州省新时代营商环境，激发营商环境对经济发展的"创造效应"，实现营商环境的"空间溢出"，促进贵州区域经济发展。为经济结构转型发展和人工智能大背景下培育新时代贵州省营商环境，实现后发赶超提供策略参考、建议与启示。此外，还针对贵州地区不同城市和不同类型企业对营商环境满意度的调查，来探索不同主体对优化营商环境政策的感知差异与共性，能够增强政策制定的合理化、科学化，持续优化贵州省营商环境。

本书基于作者多年对营商环境与企业家精神研究的经验，结合贵州省实际情况，对贵州省营商环境进行了较为全面的分析，同时利用实证研究方法与数据分析软件进行分析。旨在为贵州省营商环境与经济高质量发展提供针对性的理论参考与政策建议。希望这本书可以为相关部门单位提供一定的思路和借鉴参考。

本书的研究工作得到了贵州省哲学社会科学研究项目《新时代贵州培育良好营商环境及对经济影响机理研究》（编号：19GZYB71）的资助，以及其他横向研究课题的支撑，特此向支持和关心作者研究工作的所有单位表示感谢。

读者反馈信息可发送至邮箱：kbxiang@gzu.edu.cn。欢迎读者发送反馈信息或企业实际案例，作者将免费咨询、答疑。

由于作者水平有限，难免会出现失误和不足之处，真诚地恳请广大读者批评指正。

目 录

第 1 章
绪 论

1.1 研究背景、目的与意义

1.1.1 研究背景

2018 年 5 月 ~ 2018 年 11 月，国务院共颁布八项关于优化营商环境的意见和决定，并在十五次相关会议中对优化营商环境进行讨论。2018 年 12 月召开的中央经济工作会议上，强调必须坚持以供给侧结构性改革为主线，要着力优化营商环境，深入推进"放管服"改革，并提出要把优化营商环境摆在突出位置。通过一系列的努力，我国营商环境得到较大改善，在世界银行发布的《2019 年营商环境报告》中，中国营商环境的排名从 78 位跃升到 46 位，一年之内提升了 32 名。然而，面对世界各阶层谋划的以人工智能为首的第四次工业革命，中国将面临新矛盾、新挑战，甚至将重构国家竞争格局（程承坪、彭欢，2018）。经济发展模式应从数量型转型为以质量为中心的增长，奠定一个更可靠的微观经济发展基础（周其仁，2019）。随着智能化给社会带来的长久稳定的便利，营商环境在经济、政治、文化、社会、法制等方面与现代化市场机构、劳动力市场等具体环境均有涉猎，已然成为构建微观经济发展基础的关键。同时，新结构经济学强调，随着经济发展、资本积累、要素禀赋结构变化，相应地会对经济中其他制度安排和经济运行规律产生影响（张一林、林毅夫等，2019）。因此，在第四次产业革命背景下，准确把握营商环境等制度安排的发展态势尤为重要（林毅夫，2018）。

根据 2019 年世界银行报告，在当前社会经济环境下，如果营商环境整体提升 1%，投资率在一定条件下会增长 0.3%，整体 GDP 会增加 0.36%。贵州省在经济快速发展的过程中，营商环境也得到快速完善，2017 年全省营商环境平均分为 65.01 分，2018 年全省营商环境平均分为 77.39 分，提高了 12.38 分，增长率高达 19.04%。同时，也发现全省营商环境得分中，市州第 1 名和第 9 名之间的差距由 2017 年的 1.52 分上升到 2018 年的 4.68 分，区县市第 1 名和第 88 名之间的差距由 2017 年的 10 分上升到 2018 年的 15.23 分。可以看出，贵州省营商环境发展过程中一方面基础薄弱，具有较大的发展潜力，另一方面省内区域间资源禀赋差异对营商环境的影响逐渐扩大。

1.1.2　研究目的

对贵州省属营商环境进行全面分析，从促进贵州省经济转型和高质量发展的实际出发，通过适当渠道做好宣传工作，宣传好不断改进和优化企业营商环境的重要性和必要性，从而有利于构建符合贵州省实际的发展理念，推动贵州省各界各单位对深化营商环境体制机制改革与优化的重视程度和参与意识；确立正确的优化营商环境最终目标，根据贵州省社会经济发展现状构建适宜的营商环境指标评价体系。为各部门依据省委省政府的改善和促进营商环境优化的要求，制定科学合理的目标提供合理的参考依据。充分利用先进的信息网络技术，形成一个营商环境评价的完备数据库，建立统一的营商环境信息系统，对各个地市的营商环境与改善措施情况进行考评，形成营商环境监控报告，防止执行过程中偏离预期的目标，以确保推动经济高质量发展工作顺利完成，并采取科学的评价方法，使对营商环境评价更加科学规范。目标为建立起基于贵州省省情、符合时代和未来发展要求的营商环境评价体系。

1.1.3 研究意义

良好的营商环境可以评判一个地区经济抵抗风险压力能力，是一个地区用于构建和谐、公平、公正市场环境，提升区域竞争力的重要因素。营商环境的优劣可以看出一个地区市场发展的活力、综合实力和发展潜力，以及对外开放的程度。优化营商环境是我国经济高质量发展与治理现代化的重要内容，构建国际一流的营商环境需要以政策制度作为推进与实施的保障。本书通过对贵州地区不同城市和不同类型企业对营商环境满意度的调查，探索不同主体对优化营商环境政策的感知差异与共性，进而增强政策制定的合理化、科学化，持续优化贵州省营商环境。

此外，对营商环境的研究还能够从学术和应用上来阐述不同的意义：

（1）学术意义。首先，构建营商环境对贵州省经济发展的影响机理研究框架；其次，从营商环境的"创造效应"和"空间溢出效应"出发，通过对贵州省省会和非省会城市以及不同类型企业对于营商环境的感知对经济发展进行研究，拓展营商环境的研究领域，丰富研究内容。

（2）应用意义。培育新时代贵州省良好营商环境，营造优秀的创新氛围和企业发展环境。同时，基于营商环境对经济发展的影响分析，一方面，培育新时代贵州省营商环境，激发企业家精神，激活市场活力以及社会活力，实现营商环境对经济发展的"创造效应"；另一方面，统筹区域发展，协调区域间营商环境以及生产要素和资源禀赋的有机发展，通过营商环境的"空间溢出效应"打造贵州区域经济发展极。本书为研究贵州省新时代营商环境，激发营商环境对经济发展的"创造效应"，实现营商环境的"空间溢出"，促进贵州区域经济发展。本书的意义是为经济结构转型发展和人工智能大背景下培育新时代贵州省营商环境，实现后发赶超提供策略参考、建议与启示。

1.2 研究内容与结构

1.2.1 研究内容

研究主要内容如下：

（1）资料收集与文献综述。

对贵州省营商环境现状进行文献收集，将价值分析理论、因素评价法和组织结构理论的相关文献进行理论综述，深入分析营商环境的概念，营商环境评价考核的目的、意义及原则，梳理改善营商环境的形式与方法，并研究不同地区和类型企业对于营商环境的不同感知，根据现有理论及方法，为研究提供理论支撑。了解国内外对营商环境评价的相关研究，分析相关政策法规以及有利于深化贵州省营商环境改善的要求。

（2）营商环境现状分析。

对贵州省当前的营商环境进行系统分析，进行价值要素分析、考核指标分析和政策法规分析，归纳出现状问题，针对存在的问题制定初步的解决方案。

（3）营商环境的指标构建。

从实际出发，对评价指标体系的建立原则进行阐述，遵循指标体系的设计原则，提出涵盖营商环境评价全价值、全过程、综合平衡的指标库，进行评价指标体系的设计。通过采用结构化和层次性的指标构建营商环境的衡量指标体系，初步建立通用指标库，对各个指标进行准确释意。

（4）营商环境优化模型建立。

对贵州省营商环境存在较大问题的地区进行实地调研、现场访查，对营商环境评价主体进行确立，并对各个地区和行业进行划分。最后，通过地区和行业分析和对营商环境评价主体发放配套的调查问卷。对实地调研、现场访查、调查问卷的数据和资料进行数据收集整理与资料归纳，运用 SPSS 与 AMOS 等软件对数据进行分析，确立评价指标权重，赋予评价程序严格性与规范性。

（5）对策研究与建议。

结合数据分析结果、理论基础与贵州省营商环境考核机制方面的普遍问题及个性问题，结合各部门的相关政策文件，提出优化贵州省营商环境的对策和建议。有针对性地提出营商环境优化设计方案，并从市场环境、政务效率与组织公平、组织绩效和生产要素四个方面来提出相应的改善营商环境具体实施步骤。

1.2.2 研究结构

本书共分为七个部分进行研究，具体如下：

第 1 章，绪论。通过对研究目的以及研究内容的明确，结合研究的背景，论证本书的研究意义，针对贵州省营商环境评价存在的问题进行思考，提出本书研究的创新价值；对营商环境评价方法与原则进行梳理，进一步提出本书的研究内容和技术路线。

第 2 章，相关理论文献综述。对国内外营商环境，尤其是有关于特征及内外部产业政策等影响因素的评级体系的文献进行深入、多层次的分析，在大量阅读文献中所涉及的与营商环境评价体系概念、评价指标以及指导原则相关国内外文献的基础上，加深对本书涉及的主要概念范畴的了解和认识程度。

第 3 章，数据分析和人口统计学分析。对收集来的数据进行整理，运用 SPSS 26.0 和 Amos 26.0 对调查问卷数据进行数据研究，并根据分析结果进一步了解贵州营商环境的现状。

第 4 章，实证分析。在数据分析的基础上，运用 SPSS 26.0 和 Amos 26.0 合理划分营商环境考核模型的二级指标及三级指标，并为相应指标赋值，形成完整的营商环境考核模型。

第 5 章，营商环境优化的驱动力研究。深入分析了我国营商环境历史进程中的重要驱动因素，为贵州省营商环境的良好发展发掘动力源泉，从而增强了相应优化建议的实施可能。

第 6 章，对策建议。在前文的时代背景与数据分析基础之上，从范围上分全国、区域两个层面给出了整体性建议，进而从四大方向具体分析了优化营商环境的关键措施，最后基于本书的指标体系，结合贵州省实际情况，提供了分层次、有针对性的政策参考。

第 7 章，结论与展望。对本书中的结论进行说明，并对研究中存在的问题和不足进行阐述和说明，并说明本书以后的研究内容和方向，为以后的研究打下基础。

1.3　研究方法和技术路线

1.3.1　研究方法

（1）文献检索与分析法。利用学校图书馆和数据库资源，对营商环境评价体系相关文献进行检索与分析，把握学术前沿，厘清中外学者对营商环境评价体系现状的认知以及影响营商环境评价体系的主要要素，并初步形成研究理论框架。

（2）案例分析法。在文献分析的基础上，深入实践分析一个贵州省地级市的营商环境评价案例，根据对案例的分析，找出营商环境存在的问题，并提出优化建议，以期为存在同样问题的其他市州优化营商环境体系提供参考。

（3）问卷调查与数学建模相结合。在访谈基础上，进行问卷设计和小范围预试，对理论模型和问卷进行修改与完善，并进行正式问卷调查。通过多元线性回归、结构方程对数据进行分析，构建贵州省营商环境的评价体系模型。

（4）定性分析与定量分析相结合。在研究过程中，对收集的各种文献资料、调查问卷数据和信息等方面综合使用了统计、总结、归纳与演绎等定性分析方法，在设置营商环境考核模型指标权重的时候，运用专家评分法这种定量分析法对指标的权重进行确定。定性分析与定量分析相结合，使研究结果更加科学客观。

1.3.2　技术路线

从经济结构转型发展和人工智能等技术进步带来的产业变革背景出发，基于文献梳理与研究综述形成选题。之后通过营商环境对经济发展的"创造效应""空间溢出效应"的研究，推导出营商环境对经济发展的影响研究，构建营商环境对贵州省经济发展的影响机理研究的理论分析框架。进而对省、市、区县营商环境与经济发展的创造效应和空间效应引入模型进行研究，全方位培育新时代贵州省营商环境。技术路线见图 1-1。

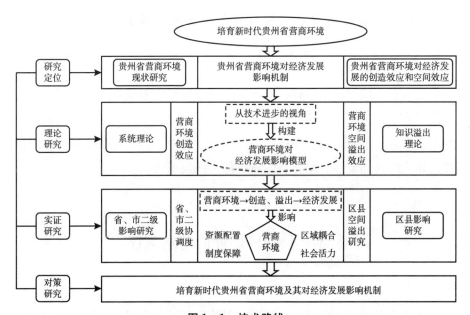

图 1-1　技术路线

1.4　主要创新点

1.4.1　全方位培育新时代贵州省营商环境

本书在已有研究基础上，将以产权保护、政府干预以及制度环境等零散的营商环境研究进行有机整合，立足贵州省经济发展和营商环境建设现状，在世界银行报告的基础上，对贵州省营商环境进行全方位的系统研究。同时，探索建立经济发展的不同发展阶段相匹配的营商环境。对贵州省营商环境与经济发展的耦合协调发展进行分析，并针对耦合程度较好和较差的地区进行深入分析。

1.4.2　探索贵州省营商环境的空间影响机制

本书通过构建贵州省营商环境对经济发展的机理研究框架，对贵州省省会与非省会城市进行研究，并运用实证分析对本书进行验证；同时，对营商环境进行分析，构建贵州省营商环境与经济发展的空间耦合协调发展模型，掌握当前贵州省营商环境空间差异；另外，引导贵州省相邻区域间营商环境的协同发展，培育贵州省区域经济发展极。

1.5　营商环境评价方法综述

在评价实践的逐渐演变过程中，现阶段可以分为定性分析法、定量分析法和定性定量综合分析法，例如德尔菲法、层次分析法、主成分分析法、数据包络分析方法、模糊绩效评价法和因子分析法等①。

1. 德尔菲法

德尔菲法，又称专家意见法。主要是通过调查者选定专家组，将编订好的调查表分别发送给不同的专家，专家通过匿名回复的方式完成对被调查者的调查。通过几次反复之后将得到的较为集中的意见作为最终的调查结果，以此获得较高信度的调查结果。德尔菲法所具有的匿名性、反馈性以及统计性等特点，使其能够得出信度较高的统计结果，但由于需要经过多次反复之后才能获得较为集中的结果，比较耗时费力，不能够进行快速的决策②。

2. 层次分析法

层次分析法是将与目标相关的要素分解成目标并进行定性和定量统计的一种决策方法。能够在面对复杂和无结构特性的问题时提供一种简单的决策方法。它将人的思维过程划分为细小的层次，以便于进行量化分析，来对研究对象进行分析并提供一种简单明了的分析结果。

3. 主成分分析法

主成分分析是一种多变量分析，霍特林（Hotelling）在 1933 年首先提出。其主要是通过降维把复杂的多变量，归纳、综合成一组新的指标代替原来的多变量，达到简化变量的效果，从而降低研究复杂程度。在人才评价体系模型的建立过程中，为了能够全面、客观地综合评价一个人，往往会设计较多变量以达到全面、客观的要求，但在实际研究中，多变量会加大研究的复杂程度，而通过主成分分析能够在降低研究复杂程度的同时，达到对研究对象评价客观、全面的要求。

---

① 肖泽忱，布仁仓，胡远满. 对我国林业政策绩效评价体系的思考 ［J］. 西北林学院学报，2009，24（3）：224－228.

② 张爱卿. 人才测评 ［M］. 北京：中国人民大学出版社，2005.

4. 数据包络分析方法

数据包络分析方法（Data Envelopment Analysis，DEA）是在运筹学领域、数理统计经济学领域和管理科学领域之间互相摩擦研究得出的一个全新研究领域。根据线性规划方程，选用多项投入和产出的指标，对同级单位进行有效性评价的一种定量数据分析。美国著名运筹学家查恩斯和库珀（A. Charnes and W. W. Cooper）在 1987 年提出 DEA 模型，现阶段该项分析技术已经在各项领域广泛应用，在投资产出方面得出优秀的成果，已经在数据分析领域占据一定的位置。

5. 模糊绩效评价法

在一般对科研事业单位绩效评价中，对某一变量进行定性和定量的分析会因为个体自身因素的影响，给变量的评价效应造成一种模糊感，对最终的评价得分产生一定的影响。于是，通过模糊绩效评价方法可以对问题进行更加专业的评判。对现实中一些无法进行定量标度的变量，可以运用模糊数学的方法对其进行多目标的评价和判断，将定性的问题划分级别展开定量的分析，建立数学模型，对问题进行更加有效的权重归属，可以更好地解决不确定性的现实问题。

6. 因子分析法

本书通过对以上方法的了解和认识，结合贵州省属科研事业单位的特征，通过 SPSS 26.0 和 Amos 26.0 对数据进行处理分析后，选择运用能够更全面、客观地反映贵州省属科研事业单位特征的主成分分析法来确定贵州省属科研事业单位评价的二级指标并赋值，采用更直观、准确的因子分析法对评价体系的三级指标赋值。

第2章
相关理论文献综述

2.1 理论基础

2.1.1 营商环境优化中的政府定位

从政府在营商环境优化过程中的定位出发，有责任政府理论、服务型政府理论和有为政府理论三个角度，对经济发展进程中政府与市场的关系及相对地位的转换进行分析。这样的分析更有利于政府更深度地把握其对营商环境承担的责任，进而有的放矢，适度干预，确保贵州省在培育良好营商环境过程中的效率效果。

1. 责任政府理论

根据第二次世界大战后出现的结构主义学派的观点，立足于当时经济发展落后、生产力水平低下以及失业率居高不下的社会现状，学界普遍认为，政府应当在市场发展过程中对资源配置进行干预，在政府与市场的关系中居于主导地位，通过一定的政策手段调节市场，保证经济的稳定与发展①。

---

① 钱音. 中国31个地区营商环境评价及影响因素分析［D］. 云南：云南财经大学，2021.

从责任政府建设实践而言，我国的责任政府建设起始于 2003 年，是我国现代化过程中的必然选择①。2015 年，党的十八届五中全会对建设法治化、国际化、便利化的营商环境提出了坚持开放发展、形成对外开放新体制的要求②。2017 年 7 月，习近平总书记提出，对现有的投资环境进行优化，打造稳定、公平、可视化、可预期的营商环境③。2017 年 8 月，国务院发布《关于促进外资增长若干措施的通知》，指出优化营商环境的具体内容包含建立健全外资法律体系、提高投资服务水平、鼓励国有企业与外资之间进行整合、完善知识产权保护等 8 个层面的内容。此后的 2018 年政府工作报告中也多次提到营商环境的问题，提出"优化营商环境就是解放生产力、提高竞争力""建设国际一流营商环境"等政策理念，切实提高外资投资比例④。

这些政策无不体现了我国在营商环境建设过程中的主动、自发态度以及主体责任，而责任政府理论在此过程中是理论基础以及底层指导。

2. 服务型政府理论

服务型政府理论最初是由西方新公共服务理论衍生而来的，是与统治型政府与管理型政府存在本质差异的政府，是在社会治理模式上侧重于服务型社会治理的政府定位理论。

这种理论建立在后工业社会时期⑤，建立在以公民和社会为本位的新公共服务理论之上⑥。对于服务型政府而言，其行为准则是服务，并且应当以社会公共利益为核心思想。21 世纪初，我国加入世界贸易组织之后

① 杨春爽. 优化营商环境过程中政府责任问题研究［D］. 黑龙江：黑龙江大学，2021.

② 中共中央关于制定国民经济和社会发展第十三个五年规划的建议［N］. 人民日报，2015（1）.

③ 习近平. 营造稳定公平透明的营商环境，加快建设开放型经济新体制［N］. 人民日报，2017（1）.

④ 李克强. 2018 年政府工作报告［N］. 人民日报，2018（1）.

⑤ 韩兆柱，翟文康. 服务型政府、公共服务型政府、新公共服务的比较研究［J］. 天津行政学院学报，2016（6）：81 – 82.

⑥ 高猛，陈柄. 走向社会建构的公共行政［M］. 杭州：浙江大学出版社，2013（1）：112.

也开始了政府职能转变的探索。

服务型政府理论在我国的政府建设中起到了关键的指导作用，在向企业提供服务的同时，也关注对良好经济环境的建设与全面发展，涵盖经济、政治、文化、社会、生态五个方面。经济方面的建设正与良好营商环境息息相关，尤其是政务环境，能够为企业的良好经营与社会创新创业活动提供环境土壤与便利，助力企业快速发展。

3. 有为政府理论

近年来，在基于林毅夫所倡导的新结构主义经济学，衍生出了有为政府和有效市场理论。有为政府和有效市场理论强调了政府在经济发展中的重要地位，揭示了市场经济的发展既有赖于市场机制的运转，同时它也离不开政府的有效调控，通过市场机制和政府的相互平衡作用，让政府这只"看得见"的手和市场这只"看不见的手"形成互相促进和互相补充的格局。良好的营商环境需要"有为政府"和"有效市场"的平衡作用机制共同塑造①。

2.1.2　营商环境中的企业发展

1. 动态能力理论

传统能力理论通过静态分析对企业的竞争优势进行解析，其解析过程强调企业的资源和能力，以及企业的资源与运营状况的相关性。但相对地，传统的企业能力理论忽视了企业的特殊资源和能力的来源，忽略了社会环境与商业环境的宏观背景、政策背景以及竞争背景。此外，传统的能力理论过于依赖静态分析，前提相对保守，在分析企业长期战略与相对竞争优势时与现实的复杂情况将会出现矛盾与割裂，无法满足企业的现代化发展需求。

---

① 倪外. 有为政府、有效市场与营商环境优化研究——以上海为例 ［J］. 上海经济研究，2019（10）：61－68.

动态能力理论为了解决上述问题，进行了相应的调整和产生了新的演化，通过利用动态分析的方法，将同行业相关经营者都纳入其中，使得对于企业的分析更为完善，并且对于企业内外部的资源整合、识别、分析能力提出了更高的要求。虽然在理论上延续和保留了对于企业资源和能力的优势的认定，但是其对比角度却有了新的转化，分析的对象的性质也从静态转向了动态，覆盖的范围和领域更广，增强了理论的现实意义。

2. 交易成本理论

交易成本中的制度性交易成本与营商环境有着相近的含义。制度成本多指企业无法以自身能力改变的外部成本，其降低往往受到政府的政策等因素的影响，政府的简政放权与效率的提高往往会降低企业的制度性成本①。对交易成本理论和制度交易成本的理解将有助于研究营商环境，分析营商环境对企业绩效的作用途径与方式，从而进一步提高营商环境的优化效果。

3. 小结

根据动态能力理论与交易成本理论，企业对外界环境的感知与外界资源的整合可以分为感知、抓取与转换三个阶段。其中，感知阶段主要与法治公平度、社会创新氛围、金融环境、公共服务等市场环境维度和政务效率与组织公平维度相关；抓取阶段与基础设施和要素环境相关；感知与抓取的效率共同影响企业在市场中的交易成本，进而影响企业收益、利润与发展效率，体现为组织绩效，从而最终实现从资源向绩效的转换。因此，本书以企业为主体，以企业感知与动态能力获取为出发点，从市场环境、政务环境、要素环境以及组织绩效四个维度入手对营商环境进行研究，构建相应的良好营商环境评价指标体系，并进一步对各个维度下不同因素进行细分与分析，最终给出对政府有所参考、对企业有所裨益的营商环境优化建议。

---

① 钱音. 中国 31 个地区营商环境评价及影响因素分析［D］. 云南：云南财经大学，2021.

2.2　营商环境

2.2.1　市场环境

1. 市场环境概念

产品生产和销售等外部因素被统称为企业的市场环境。这些外部因素与企业的市场营销活动紧密相关。市场环境的改变所产生的影响具有两面性，既可以给企业带来市场机会，也可能对企业造成某种威胁。所以，企业要想顺利地进行经营活动，就必须要对市场环境进行相应的调查。

充满着竞争和风险的市场氛围往往能够促进企业的发展和企业家的不断进步。封建社会小生产的诗画般的安稳环境，只能造就出吟诗作文的"诗人"，而只有在市场激烈竞争的优胜劣汰下，才可以造就大量卓越的企业家。充满竞争与动荡的竞争环境促使企业家不得不尽快提高自身素质，并培养自身对市场机会的识别能力、风险评估以及承担能力（胡永明、陆宏伟，1989）[①]。就市场条件而言，健全的市场机制不仅能够构建一种企业所有者自由参与和退出企业治理的环境，而且还在经营者选择、鼓励和约束等方面起着不可或缺的调节作用。所以，在市场环境中，竞争是否充分往往会在企业经营者如何向企业家成长的路径、运作方式和质量中得到体现（宋培林，2002）[②]。

法制环境作为衡量市场环境优异的一个重要指标，它的作用不可忽视。法制环境通指一般的社会规则，包含了非正式制度（文化价值观、社

---

① 胡永明，陆宏伟. 企业家论［J］. 江海学刊，1987（1）：22 - 27.
② 宋培林. 论企业经营者成长的微观机制：筛选、激励与约束［J］. 厦门大学，2002.

会规范、行为准则等）和正式制度（法律、税收、管制措施等）。良好的法制环境是保障企业健康发展的前提，构建并健全法制环境，支持和鼓励企业和企业家的发展，保持其创新和迅猛的发展势头，是培育企业家精神的重要前提。

鲍莫尔（1990）[①] 的经典论文《企业家精神：生产性、非生产性和破坏性》开辟了一条将企业家精神与制度相关联的新的研究道路，其中指出，制度框架实质上提供了一种激励机制，这对企业家活动的方向和密度起着决定性作用。

许多企业家认为，社会保障制度极大地影响了企业家成长与发展，而在市场经济的环境中，社会保障制度是要依靠完善健全的法制环境来保证的。法制环境囊括了知识产权保护、财产权、自主经营权、监督约束等内涵，而能否"依法治国"，则是社会法制环境的衡量标准。在实践过程中，部分国家政策明确规定属于企业家的权益却总是难以得到保障，这是由于在部分地方和政府部门中，推行的是"人治"，而非"法治"。良好的法治环境对于维护企业家的合法权益不可或缺，2016 年 11 月，《中共中央国务院关于完善产权保护制度依法保护产权的意见》明确提出培育和弘扬企业家精神是经济新常态下供给侧结构性改革的重要内容，并以此弘扬企业家精神。

在良好的法治环境中，企业家的创业成果能够得到很好的保护，所以他们的市场行为会更加主动，并通过技术创新，或创新组织形式，或引入新的产品与服务，或开拓新的市场等方式最大程度地弘扬企业家精神。相反地，如果社会没有提供给良好的法治环境和法律保护，就难以培育出企业家发展的土壤，也没有企业家敢于将其发明及专利商业化，这是由于其创新产品难以得到严谨的法律保护来使其归于企业家个人所有，甚至还有可能被其他企业窃取或政治权力掠夺，在该情况下，政府出台再多的鼓励

---

① Baumol W. J. Entrepreneurship: Productive, unproductive, and destructive [J]. Journal of political economy, 1990, 98 (5, Part 1): 893 –921.

创业和创新的政策、补贴及奖励也难以激发企业家创业和创新的热情（邵传林，2012）①。

有效捍卫个人财产权利的法律制度是经济快速增长的重要动力，也是法治社会的前置条件，金融发展和企业家精神同样需要以公民财产权利的确立和财产权保护的法律制度安排为基本前提，以促进经济增长（江春、李安安，2016）②。

企业家在确定企业市场主体地位、市场的准入、规范市场行为、遵守相应法律法规等方面，都受到法制环境的制约，面临着法制环境的优化问题。这表明法制环境的优化问题，涵盖了社会多方面的问题以及企业家自身的问题。企业家的法律意识淡薄，将会影响公平竞争，也难以维持市场的正常秩序。因此，企业家"学法、懂法、用法"十分重要。企业家需要意识到，市场经济就是法制经济，企业家加强内部管理，就必须依法管理。参与国际市场竞争，企业家更要时刻将"法"铭记于心。政府也要依法行政。国家公务员行事要以法律为准绳，树立清廉守法的形象，而企业家的合法权利也要通过法律来保障。

2. 贵州省市场环境

根据《中国市场化指数：各地区市场化相对进程报告》报告的贵州省 2008～2016 年的市场化指数，如图 2-1 所示。其中，市场化由五个维度指数组成，每个维度都各自反映全国各省份市场化的某个特定方面。它们分别是政府与市场的关系、非国有经济的发展、产品市场的发育程度、要素市场的发育程度、市场中介组织发育和维护市场的法制环境。

---

① 邵传林. 法律制度效率、地区腐败与企业家精神［J］. 上海财经大学学报（哲学社会科学版），2014，16（5）：48-57.

② 江春，李安安. 法治、金融发展与企业家精神［J］. 武汉大学学报（哲学社会科学版），2016（2）：90-97.

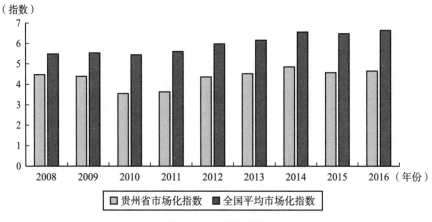

（指数）

图 2 -1　市场化指数

由图 2 -1 可见，由于地方政府在制定政策和执行中央法律法规方面拥有高度自主权，我国各地区政商环境有较大差异。从全国的平均化指数可以了解到，我国市场化在 2008 ～ 2011 年这 3 年间似乎呈现出一种停滞状态，从 2012 年后呈现缓慢上升趋势。近年来，尽管全国平均市场化程度逐渐上升，但各地区的市场化程度依旧非常不均衡；总体来看，东部省份的市场化程度较西部省份高，尤其是从 2008 年延续到 2011 年的政府对贵州省的大规模投资和货币刺激政策，尽管促进了贵州省的短期经济增长，但同时也加强了行政手段对贵州省市场的干预，对市场化进程有着不利影响。在此期间，政府与市场的关系产生了不利于市场资源配置的改变，尽管近些年来有一定的改善，但依然有着残留影响。

西部大开发战略开始了新一轮的实施，在这一过程中，西南地区占据着重要地位。作为我国"一带一路"的重要窗口，西南地区不仅在贸易与对外经济合作交流上具有重要地位，而且我国民族分布上，是少数民族最为集中的区域。发展好西南地区的经济，不仅关乎我国对外开放的成效，而且关乎我国的民族团结，因此促进民族地区的发展，不仅是必要，而且是必然。但是，因为交通以及区位的差异，在西部大开发这一过程中，西部的经济与中部、东部的差距仍然在逐步扩大。

贵州省的经济总量在全国中相对较小，并且社会的发展程度和速度较全国来说处于相对落后的位置。虽然我国加入世界贸易组织后，我国的经济发展质量得到了较大的提高，市场活力也得到进一步释放，但是随着市场经济体制的不断发展，市场竞争的激烈程度也在不断提高。面对这种挑战，如果贵州省想要实现经济可持续的良性发展，就必须通过科学合理的方法方式来对现有的资源进行整合，从自身特点出发，提高自身的区域竞争力。

贵州省市场环境存在以下优势：

（1）资源优势。矿产资源丰富，类别多种多样，储存量大。对于采矿业及其他资源相关产业的投资有着较大的吸引力。此外，由于山川、河流众多，自然景观丰富多彩，又有悠远厚重的历史文化和人文氛围，发展旅游业优势巨大。

（2）产业优势。支柱产业具有明显特色，并在全国范围内有着较高知名度。如贵州的酒业、民族药业、调料业等都已拥有较强招商引资的实力。

（3）人才科技优势。一方面，劳动力成本较低，而且众多三线建设改迁而来的高、精、尖工业和科研院所等极大地推动了贵州省科教水平的提高，同时提高了贵州省劳动力的质量。另一方面，就人才数量而言，贵州省所拥有的科研院所和高校，以及三线建设时期迁入的军工企业为贵州省提供了大批科研技术人才，已然形成了科技人才优势。

2.2.2　政商环境

1. 政商环境概念

政商环境是营商环境的重要组成部分。政府是政策的制定者与监督管理者，企业是发展市场经济的关键主体，能否建立并维持良性的市场秩序，与政府、企业能否进行健康互动紧密相关。企业及其所在地的政府部门的高效政务能力和公平公开的组织能力作为政商环境的主要组成部分，通过加强各部门间的沟通协作，减少资料反复提报，兼并审批环节，简化办理时间，切实缩短审批时限等事项，优化高效透明的政务环境，为构建一个新型的营商环境提供了一个良好的平台，并加快了国家、社会的经济发展。营造构建"亲""清"型政商关系不仅是新时期优化营商环境的重要举措，同时也是构建和谐社会的关键。在企业经营过程中，如果政府或制度法规等方面对企业的管制、干预过多，必定会导致企业管理者对外部（如政府官员、管理机构等）过于依赖，或者尽可能迁就满足企业所有者（股东）的要求，从而扼杀企业管理者的积极奋斗、进取精神，限制了企业家精神的培育与弘扬（胡永明、陆宏伟，1989）[①]。在新兴市场国家经济转型的过程中，与西方成熟市场经济体制内的政府相比，地方政府作为关键的制度力量，对于微观企业营商具有更大的影响力（田莉，2015）[②]。中国情境下，企业政治行为主要如下七种策略：直接参与、代言人、信息咨询、调动社会力量、制度创新、经营活动政治关联以及财务刺激。企业政治行为具有明显的情境化与制度化特征（田志龙等，2003）[③]。政府的作用途径主要是通过减少管制以降低企业家创业成本，通过提供资金、技术支持以解决创业融资难的问题，以及提供创业服务等（George & Prabhu，2003）[④]。

基于资源依赖理论，已有研究认为企业政治行为能够从如下四个方面给创业企业带来有利影响：第一，可以为获取资源创造条件，政治行为能够削弱行政审批的创业抑制效应，使得创业企业获得行政认可的难度减小，而政府的认同是影响顾客、投资机构等对企业认可的重要因素；第二，能够使创业企业直接获取相关资源，例如优先获得市场准入、享受政府补贴、税收优惠等，使创业企业有着较高的创业起点，较快扩大规模和

---

① 胡永明，陆宏伟. 企业家论［J］. 江海学刊，1987（1）：22 - 27.

② 田莉，张玉利，唐贵瑶，魏立群. 遵从压力或理性驱动？新企业政治行为探析［J］. 管理科学学报，2015，18（3）：16 - 30.

③ 田志龙，高勇强，卫武. 中国企业政治策略与行为研究［J］. 管理世界，2003（12）：98 - 106.

④ George G. , Prabhu G. N. Developmental financial institutions as technology policy instruments：Implications for innovation and entrepreneurship in emerging economies［J］. Research Policy，2003，32（1）：89 - 108.

影响力；第三，在资源获取方面为企业创建新的间接渠道，创业参与者可以根据社会现状构建新型社会网络关系，其中政府这一角色的存在可以为企业提供非常优越的资源，从而可以为创业企业注入新的发展动力；第四，能够增强创业企业抵抗风险的能力，减弱环境不确定性的不良影响，使企业在面临市场环境变化或者政策改变的情境下，通过建立涵盖政府个体在内的内外群体互帮互助的社会关系，可以帮助创业企业渡过懵懂的初级阶段（周键等，2017）[①]。

　　企业家参政已然成为一种新趋势，对政府政策的进程的影响也逐步增大。从实施层面上看，政府决策者（政府行政部门，如我国国务院及地方政府立法部门等）制定政策和法规的过程是一个与社会各方面利益主体（包括工商企业）的沟通、互动过程（田志龙等，2003）[②]。很多企业通过自己发展机制，创立有利于自身的营商环境。大多数情况下，企业为谋求自身外界环境发展进而影响政府制定相关政策法规的商业策略为企业政治策略（corporate political strategy），实践上述商业策略的行为为企业政治行为（corporate political action）。对于大多数产业来说，市场上的商业成功可以画等号于政治上的成功，如果企业期待成功，就必须要制定相应的政策战略，企业政策战略获胜在整个企业构建生涯中已经占据非常重要的位置。

　　政府与企业家之间存在良性关系，是弘扬企业家精神并发挥其作用的重要前提。对于政府而言，最重要的职责在于为企业家健康地成长与发展提供一个良好的营商环境，并与企业家之间建立一种友好的"亲""清"型关系，尽可能降低企业家的投资风险，帮助企业家筹备资金，拓展市场，并在企业家力所难及的地方填补漏缺。然而，在政府干预的路径依赖下，政府不仅是生产要素的重要组织者，还在一定程度上"替代"了企

---

① 周键，王庆金，吴迪. 创业激情与政治行为对创业认同的作用机理——基于资源依赖理论的研究［J］. 外国经济与管理，2017，39（6）：68 - 82. ［2017 - 10 - 12］. DOI: 10.16538/j.cnki.fem.2017.06.006.

② 田志龙，高勇强，卫武. 中国企业政治策略与行为研究［J］. 管理世界，2003（12）：98 - 106，127 - 156.

业家的角色，从而导致市场经济内在的创新机制、竞争机制和组织机制不易发挥作用，企业家精神在政府过多干预中逐渐低迷消弭（江春、李安安，2016）①。在创业过程中，失败的案例也是屡见不鲜，因此，各地方政府为了激励积极创业，还应该出台一系列相应的补偿、赔偿等政策，减少创新创业者的机会成本，为他们消除后顾之忧提供了一颗有效的定心丸（杨亚男，2016）②。

2. 贵州省政商环境

2017 年 9 月 26 日，中共中央、国务院印发《关于营造企业家健康成长环境弘扬优秀企业家精神更好发挥企业家作用的意见》后，贵州省有关部门做出了积极响应，通过召开座谈会，学习贯彻《关于营造企业家健康成长环境弘扬优秀企业家精神更好发挥企业家作用的意见》精神，并就深入贯彻落实文件精神听取意见建议。

在此之前，贵州省工商业联合会（总商会）第十二次代表大会刚一结束，省委相关领导指出，在新型社会发展体系下，需要构建"亲民""清廉"的新型政商关系。上级领导干部要秉承着亲民、爱民、想民的服务态度，努力亲商、安商、富商，真心实意地和民营企业构建适宜的社会关系，但是也必须把握好负责任、不触碰社会和法律底线的态度。同时民营企业也需要在自己的道德点上把握好道德底线，遵纪守法，正大光明地营商，说实话，有热情，积极主动和当地政府进行友好沟通，树立友好的企业形象。

2.2.3　要素环境

1. 要素环境概念

要素环境作为构成国家、城市的营商环境之体现，在国家、城市相关

---

① 江春，李安安. 法治、金融发展与企业家精神 [J]. 武汉大学学报（哲学社会科学版），2016（2）：90 - 97.

② 杨亚男. 供给侧结构性改革的成功亟需企业家精神的充分发挥 [J]. 化工管理，2016（3）：67 - 68.

利益的总体评价中，是国家、城市吸引投资、拉动消费的巨大动力，也是国家、城市经济健康可持续发展的有力推手。实践表明，优化要素环境发展水平是提升国家总体营商环境的根本。

随着不断深化改革，国内学者开始着手于对营商环境的研究。从研究主题上看，可大致分为着重营商环境内部的本身研究，以及将该环境置于社会系统之中，集中考察该环境与其系统中其他要素的关系研究。姚树洁等（2006；2008）通过对外商直接投资和经济增长的关系研究发现，因为资本产出弹性、大力资本、技术进步、基础设施等营商环境的不同，不同地区吸引外资和内部私人投资的能力也不同，良好的营商环境有利于企业活动的开展[1][2]，随后，多个学者通过建立多个不同维度下的营商环境评价体系来进行营商环境要素的研究。例如，张威认为构建营商环境评价体系的首要前提是对所在区域的经济形势发展阶段有明确的认知，他在结合当前经济形势的情形下，从问题导向和需求导向出发，从经济政策的明确性、要素供给的支撑性、政务服务的便利性、法治体系的完备性、要素资源的流动性、市场体系的公平性和市场准入的统一性七个方面着手来研究营商环境[3]。

通过分析，不难发现要素成本、基础设施在一定程度上体现某个地区的整体要素环境。要素成本是企业经济发展进程中最为直接的制约因素，也是企业营商环境评价中的重要组成部分。一般地，我们可以透过一个地区的基础设施看到企业的发展潜力，基础设施建设的完善是企业优良营商环境的主要体现。

生产要素成本是影响企业生产经营的直接因素。近年来，我国劳动力、土地、资金、能源等要素成本不断上升，大量东部地区产业尤其是劳

---

① 姚树洁，冯根福，韦开蕾. 外商直接投资和经济增长关系研究［J］. 经济研究，2006（12）：35－46.

② 姚树洁，韦开蕾. 中国经济增长、外商直接投资和出口贸易的互动实证分析［J］. 经济学（季刊），2008（1）：151－170.

③ 张威. 我国营商环境存在的问题及优化建议［J］. 理论学刊，2017（5）：60－72.

动密集型产业跨过我国中西部地区外迁到要素成本更低的东南亚国家，大力降低成本以及提高要素生产率成为重塑我国产业竞争力的主要方式。

基础设施作为衡量要素环境的一个主要标准，是优化营商环境的基本条件，交通的发达程度是大多数制造业企业布局考虑的重要因素，信息基础设施的便利程度、适宜的人居环境也逐渐成为制造业企业考虑的因素，而其基础设施服务也成为了该地区营商环境考量的重点。基础设施服务是指在基本完成基础设施的投资和建设的前提下，国家行政机关在一定时期内为企业生产经营活动提供的设施支持①。企业在选择资金注入地时会充分考虑供水排水的充裕性、地下管网的完善性以及交通运行的便捷性等，政府作为营商环境的责任主体②，从一切为了国家和人民的角度出发，旨在运用公共权力为企业提供基础设施服务。本书认为基础设施服务水平可通过服务的便利性、公平性、主动性以及成本四个方面对其进行评价分析。

另外，就整体要素环境而言，一个地区的要素环境也可以用要素供给的支撑性和要素资源的流动性来体现。一个地区的要素供给的支撑性越丰富、要素资源的流动性越强，该地区的整体要素环境就越好，营商环境就越优良，地区经济发展也就相对越快。

要素供给的支撑性。一是要素的可获取性，即企业在本地区获取营商的一系列必须要素。二是要素获取的便利性，即企业在获取营商要素过程中的便利程度。三是要素获取的成本，即要素本身的成本及企业在获取要素时还需额外支付的成本。四是基础设施配套，即企业及其周边的基础设施、配套设施建设。五是税费成本，即要素所需支付的税费和其他附加所需缴纳费用。

要素资源的流动性。一是资金进出的便利性，即企业项目资金的自由

---

① 孙萍，陈诗怡. 基于主成分分析法的营商政务环境评价研究——以辽宁省14市的调查数据为例 [J]. 东北大学学报（社会科学版），2019，21（1）：51–56.

② 张国勇，娄成武. 基于制度嵌入性的营商环境优化研究——以辽宁省为例 [J]. 东北大学学报（社会科学版），2018，20（3）：277–283.

转换容易程度。二是人才进出的便利性，即企业相关人员的国内外进出便利程度。三是货物进出的便利性，即企业的相关物资的进出口便利程度。四是信息获取的便利性，即在保证国家安全的前提下，企业获取国家相关资料的公平、有效程度。

2. 贵州省要素环境

大数据产业对贵州省的经济发展来说是一种新型的发展趋势，要加大对大数据等高科技领域的人才引进力度。这几年，在许多引才、聚才等政策下，贵州省大数据行业人才储备已初现雏形。

作为最基本的要素，实现基础设施的快速发展是欠发达地区的经济发展实现大跨步的基本前提。我国实施西部大开发战略以来，贵州省逐步建成并启动了一系列的基础设施项目，对贵州省发展有着重要影响和意义。虽然贵州省的基础设施建设正在呈现一个快速增长的趋势，经济和社会发展基础逐步稳固，但相较于全国其他地区仍有较大差距，未来的建设任务也是比较繁重的。

生产要素环境在贵州省营商环境变化过程中始终扮演着一个重要的角色，通过优化本省的生产要素环境，营造本省良好的营商环境，进一步提高省内的经济发展水平。2017 年以来，在生产要素供给方面，贵州省侧重于优化煤电等生产要素配置、降低要素成本，更好地为企业运行提供后勤保障。除此之外，在招商引资方面，贵州省不仅注重招商也注重"安商"，及时解决已落户企业遇到的难题，解决企业及其工作员工的后顾之忧，让他们在贵州省大展身手，吸引更多的外资或外企投入。

2.2.4　组织绩效

组织绩效是营商环境对环境中企业影响的最终体现，也是营商环境是否有利于经济社会正向稳定发展的根本衡量标准。在公平、完全竞争的营商环境中，企业创新行为会受到更多的激励，有利于优秀企业家精神的培育与经济社会的健康可持续发展。实证研究表明，营商环境与组织绩效基本表现为正相关的影响关系[①]。以往研究基于世界银行营商环境，以世界银行研究的中国 30 个大城市为研究对象，检验营商的制度软环境与我国经济发展的关系。结果显示，在控制了气候、地理位置等客观影响因素后，良好的营商软环境仍然有利于社会经济的稳步发展（董志强等，2012）[②]。良好的营商环境下，各行业、各类企业均能够在知识产权、生产制造、资产金融、税收补贴等多方面获得有效可靠的保障，从而不仅有利于当期组织绩效的提高，也对滞后期的长期发展起到了改善与保证作用。营商环境的发展正面影响企业家的创新行为，其主要通过项目选择、资金输送、风险转移以及潜在收益揭露等多个途径产生影响。

早在 1912 年，熊彼特就预见性地指出，企业家的创新活动是经济发展的关键。良好的营商环境为企业家提供资金支持，以帮助其重新组合各种生产要素，进行创新改革，进而实现革命性的改变，是引发生产力增加及经济增长的关键因素，其通过支持具有新思想、新技术或者拥有企业家精神的企业家即是实现金融内生发展的根本所在（江春、李安安，2016）[③]。健全完善的营商环境，尤其是营商环境中成长起来的、完善的金融体系，可以培养、弘扬企业家精神，其作用途径包括：筛选最有可能成功的企业家、提供信贷资金、分散风险、对预期收益进行估值等服务以促进企业家的创新和创业活动，进而促进经济增长和技术进步（King et al.，1993）[④]。

中国当前的发展阶段中存在着金融抑制体制，具体体现为以垄断性银行机构为主的间接融资体系和金融市场发展的滞后的双重抑制模式（张杰

① Branstetter L., Lima F., Taylor L. J., Vencio A. Do Entry Regulations Deter Entrepreneurship and Job Creation? Evidence from Recent Reforms in Portugal [J]. The Economic Journal, 2014 (124): 805 – 832.

② 董志强，魏下海，汤灿晴. 制度软环境与经济发展——基于 30 个大城市营商环境的经验研究 [J]. 管理世界，2012（4）：9 – 20.

③ 江春，李安安. 法治、金融发展与企业家精神 [J]. 武汉大学学报（哲学社会科学版），2016（2）：90 – 97.

④ King R. G., Levine R. Finance, entrepreneurship and growth [J]. Journal of Monetary Economics, 1993, 32（3）：513 – 542.

等，2016）①。当前，在金融抑制体制存在于中国金融体系的现实背景下，金融市场体系发展的滞后，将会导致宏观、微观层面主体的创新研发活动所需要的资金投入，大多只能通过以银行机构为主的外部融资渠道来维持。相对而言，由于发展中国家微观经济部门的创新活动大多还处于模仿、消化、吸收的初级追赶阶段，其自身创新研发的风险较低，因此，以风险谨慎型的银行机构为主的金融体系在该情况下正好可以匹配此初级追赶阶段中发展中国家微观经济部门的创新研发活动。客观而言，若金融机构可以为微观经济部门的生产经营活动乃至创新研发活动提供较长周期的贷款资金，那么，金融体系就可以发挥支持发展中国家微观部门创新研发活动的金融功能。

此外，创业资金不足、创业程序复杂、创业融资困难等突出问题严重阻碍了中国创业者的创业步伐（田毕飞、陈紫若，2017）②。针对上述突出问题，应从各级政府与创业者自身两个方面来进行解决处理，一方面，各级政府应积极搭建创业者公共服务平台，包括方案设计、风险评估、信贷融资、跟踪帮扶等；另一方面，创业者自身应灵活运用互联网等渠道，如可通过众筹等新型融资渠道获取创业启动资金，缓解融资难题等。中国创业者应密切关注相关优惠政策，充分利用政策优势，积极投身于创业的大浪潮之中。

---

① 张杰，杨连星，新夫. 房地产阻碍了中国创新么？——基于金融体系贷款期限结构的解释 [J]. 管理世界，2016（5）：64-80.
② 田毕飞，陈紫若. 创业与全球价值链分工地位：效应与机理 [J]. 中国工业经济，2017（6）：136-154.

第3章
数据分析和人口统计学分析

3.1 问卷设计

传统调查问卷设计有六大原则,分别是:合理性,一般性,逻辑性,明确性,非诱导性以及便于整理和分析。根据传统问卷与网络问卷的共性与差异,本书针对网络问卷的特殊性,将传统问卷的设计原则和网络问卷涉及的网络环境相融合,创新了其相关的设计理念。

3.2 研究数据分析

3.2.1 数据收集过程

本书通过贵州大学 MBA 中心协助调研,面向贵州大学 MBA、EMBA和 MPM 学员收集问卷,其中大部分学生主要为贵州省各地各国营企业、民营企业的中层或以上干部,能较好地反映出目前贵州省营商环境的现状和发展特征,所以样本贴合研究主题与研究对象的要求,能够较好地反映出研究对象的实际情况与基本特征。本书前期进行了实地访谈，并邀请专家进行讨论和咨询，梳理和设计调查问卷，根据研究内容完成了对问卷的设计与修订，后通过网络发放方式，对相关人员进行调查，共回收 232 份问卷，经过对调查结果的合理筛选，共得到 214 份有效问卷，问卷有效率 92.2%。

3.2.2　样本基本特征

通过对问卷调查所得数据进行初步筛选与汇总，得到有效样本整体基本特征分布如表 3 - 1 所示。

表 3 - 1　　　　　　　　　　样本基本信息

变量类别	基本特征	频率	百分比（%）	变量类别	基本特征	频率	百分比（%）
性别	男	124	57.90	企业类型	国有企业	131	61.20
	女	90	42.10		集体所有制企业	16	7.50
年龄	20 ~ 24 岁	7	3.30		民营企业	66	30.80
	25 ~ 30 岁	58	27.10		外商投资企业	1	0.50
	31 ~ 35 岁	78	36.40	企业规模	100 万元以下	17	7.90
	36 ~ 40 岁	37	17.30		100 万 ~ 500 万元	30	14.00
	41 ~ 45 岁	22	10.30		500 万 ~ 1 000 万元	30	14.00
	46 ~ 50 岁	8	3.70		1 000 万 ~ 5 000 万元	28	13.10
	51 岁及以上	4	1.90		5 000 万元以上	109	50.90
学历	高中	3	1.40	企业员工数量	20 人以下	14	6.50
	大专	17	7.90		20 ~ 50 人	38	17.80
	本科	100	46.70		51 ~ 300 人	62	29.00
	硕士及以上	94	43.90		301 ~ 1 000 人	30	14.00
					1 000 人以上	70	32.70

续表

变量类别	基本特征	频率	百分比（%）	变量类别	基本特征	频率	百分比（%）
企业注册时间	1 年以下	4	1.90	行业	信息技术服务业	22	10.30
	1~5 年	43	20.10		金融业	38	17.80
	5~10 年	60	28.00		租赁商务业	9	4.20
	10 年以上	107	50.00		教育业	11	5.10
企业所在地	省会城市	159	74.30		卫生社会业	7	3.30
	非省会城市	55	25.70		文体娱乐业	7	3.30
行业	批发零售业	14	6.50		其他	103	48.10
	住宿餐饮业	3	1.40				

通过分析调查样本的性别分布可知，样本的男女性别比例较为平均，差距在可接受范围之内，如图 3-1 所示。因此，本书所获取的调查数据性别比例合理，贴近实际情况，能够客观反映实际总体对于贵州省营商环境的看法，对此数据进行性别差异分析得出的结果也是可靠的。

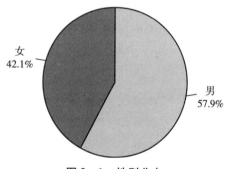

图 3-1　性别分布

通过对调查样本的年龄分布进行统计，可知本书的调查对象中占比最多的年龄段为 31~35 岁，其次为小于 30 岁的青年群体，小于 40 岁的群体占比达到 84.1%，如图 3-2 所示。根据文献研究与数据反映，在企事业单位中，青壮年群体为主要力量，与数据反映的现象相符，因此本书的样本能够较好地反映贵州省国有或民营企业中就职人员对营商环境的看法。

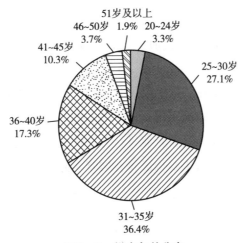

图 3 - 2　样本年龄分布

通过分析调查样本的学历分布可知，本书中具有本科和硕士及以上学历的受调查者占比达到了 90.7%，而大专及以下学历占比仅有 9.3%，如图 3 -3 所示。具有一定知识储备及较高文化水平的企业从业人员的判断更具科学性与代表性，对于营商环境的了解也更加客观与科学，因此本调查样本以高学历人才为主要构成符合客观实际，符合本书研究的内容。

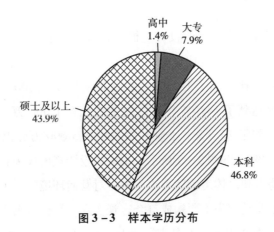

图 3 -3　样本学历分布

通过分析调查样本的样本企业类型分布可知，本书中在国有企业就职的受调查者占比达到了 61.2%，而在民营企业就职的受调查者占比达到了 30.8%，集体所有制企业就职的受调查者占比达到了 7.5%，如图 3 - 4 所示。国有企业和民营企业共同组成了我国经济社会发展的中坚力量，二者由于经济成分和经营方式的不同，对于营商环境的感知也会存在较强的主观差异，区分国有企业和民营企业进行分析体现了客观性与科学性，因此本调查样本以企业类型为主要构成符合客观实际，符合本书研究的内容。

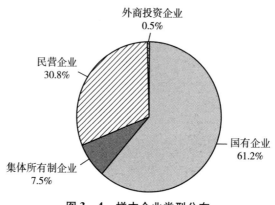

图 3 - 4　样本企业类型分布

通过分析调查样本的企业投资规模分布可知，本书中企业投资规模在 100 万元以下的受调查者占比达到了 7.9%，企业投资规模在 100 万 ~ 500 万元的受调查者占比达到了 14.1%，企业投资规模在 500 万 ~ 1 000 万元的受调查者占比达到了 14.0%，企业投资规模在 1 000 万 ~ 5 000 万元的受调查者占比达到了 13.1%，企业投资规模在 5 000 万元以上的受调查者占比达到了 50.9%，如图 3 - 5 所示。不同的投资规模代表企业的经济实力不同，抗风险能力和总体运营能力也不同，对营商环境的要求也不同。因此本调查样本以企业类型为主要构成符合客观实际，符合本书研究的内容。

通过分析调查样本的企业员工数量分布可知，本书中在企业员工数量在 1 000 人以上的企业就职的受调查者占比达到了 32.7%，在企业员工数

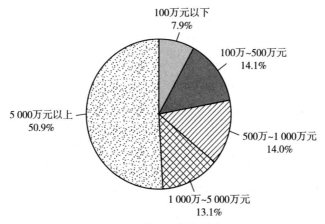

图3-5 样本企业规模分布

量为301～1 000人的企业就职的受调查者占比达到了14.0%，在企业员工数量为51～300人的企业就职的受调查者占比达到了29.0%，在企业员工数量为20～50人的企业就职的受调查者占比达到了17.8%。企业规模的大小也往往体现在员工数量上的多寡，图3-6表明本课题的数据在各规模企业中都有所涉及，不同规模的企业对于营商环境的感知也会存在比较大的差异，也更加客观与科学，因此本调查样本以企业员工数量为主要构成符合客观实际，符合本书研究的内容。

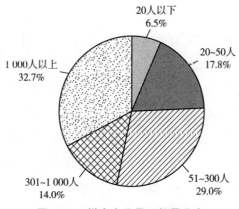

图3-6 样本企业员工数量分布

通过分析调查样本的注册时间可知，本书中在成立 10 年以上的企业就职的受调查者共占比达到了 50.0%，而在注册时间为 5~10 年企业就职的受调查者占比达到了 28.0%，在注册时间为 1~5 年企业就职的受调查者占比达到了 20.1%，如图 3-7 所示。企业的注册时间长短使得企业在税收等方面会有不同的政策对待，对于初创企业往往政策具有一定倾向性，更有利于初创企业的发展，而 10 年以上的企业也需要良好的健康的营商环境，才能持续地为社会的经济发展做出贡献。因此本调查样本以企业注册时间为主要构成符合客观实际，符合本书研究的内容。

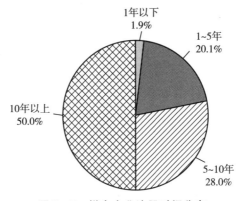

图 3-7　样本企业注册时间分布

贵州省委十二届八次全会会议提出，贵州省"十四五"时期将实施"强省会"五年行动。所以在样本调查过程中，我们将样本企业所在地进行了省会城市和非省会城市的区分。通过分析调查样本的注册时间可知，本书中在省会城市企业就职的受调查者共占比达到了 74.3%，而在非省会城市企业就职的受调查者占比达到了 25.7%，如图 3-8 所示，存在一定的样本不均衡性，主要原因是受调查样本主体的影响。

本书选取的样本行业采用我国 2011 年版的国民经济行业分类（GB/T 4754—2011）标准进行划分，但是其中其他行业占比 48.1%，如图 3-9 所示，存在不合理性，因此本书不对该类别进行讨论。

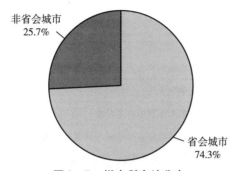

图 3 - 8　样本所在地分布

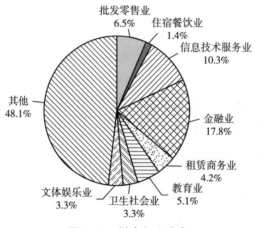

图 3 - 9　样本行业分布

通过对数据进行上述基本分布分析之后，本书将采用 SPSS 26.0 软件对数据进行初步的描述性统计，以检验数据是否符合结构方程分析要求。为便于软件运算，将具体题项进行编号，如表 3 - 2 所示。

表 3 - 2　　　　　　　　　　具体题项与对应编号

题项	对应编号
1. 您企业所在地职业培训机构在促进经济发展方面发挥的作用（如培育技术人才等）	Q1

题项	对应编号
2. 您企业所在地雇用工人，尤其是雇用高技术人才的困难程度	Q2
3. 您所在企业人员的流失率（离职率）	Q3
4. 您认为您企业所在地创新创业型人才资源的可得性	Q4
5. 您对企业所在地的基础设施及配套建设满足企业经营发展的满意程度	Q5
6. 您对您企业所在地电、水、天然气、土地等生产要素供应及价格的满意程度	Q6
7. 您对企业所在地上下游产业链合作情况的满意程度	Q7
8. 您对您企业所在地政府的人才引进力度的满意程度	Q8
9. 您对您企业所在地政府创新的政策、资金的支持力度的满意程度	Q9
10. 您对您企业所在地的政府创业孵化服务的满意程度	Q10
11. 您对您企业所在地提供的知识产权管理与公共服务的满意程度	Q11
12. 您认为您企业在企业所在地银行获得融资的成本（包括手续费、利息费用）	Q12
13. 您认为您企业所在地融资渠道多元化程度	Q13
14. 您认为企业融资困难的主要原因在于（多选）	Q14
15. 您企业所在地政府的税收、用地等优惠政策对企业入驻的吸引力	Q15
16. 您企业所在地行政部门对市场违法行为打击的效果	Q16
17. 您认为您企业所在地的新兴产业和高新技术企业的发展	Q17
18. 您企业所在地鼓励创新、宽容失败的社会氛围	Q18
19. 您企业所在市（州）高校研究机构对贵公司的技术支持力度	Q19
20. 您企业所在地对不正当竞争行为和失信行为的打击力度	Q20
21. 您对您企业所在地的政策透明性与公平性的满意程度	Q21
22. 您对您企业所在行政部门在政策制定过程中考虑企业建议或意见的满意程度	Q22
23. 您对您企业所在地政府承诺的各项优惠政策落实情况的满意程度	Q23
24. 您对您企业所在地政府部门的采取相关政策与配套措施的及时性、可操作性、实用性的满意程度	Q24
25. 您是否同意您企业所在地行政部门的相关政策具有良好的稳定性和持续性	Q25
26. 您是否同意您企业所在地行政部门间的相互合作提高了项目审批的效率	Q26
27. 您是否同意您企业所在地的营商环境推动了企业内部程序的优化	Q27
28. 您是否同意您企业所在地的营商环境促进了企业分配制度的公平与优化	Q28

题项	对应编号
29. 您是否同意您企业所在地的营商环境促进了企业对员工提供了足够的支持与帮助	Q29
30. 您是否同意您企业所在地的营商环境促进了领导与员工进行了及时的信息沟通	Q30
31. 相比于其他市（州），您企业所在地的营商环境对本企业扩大市场份额具有	Q31
32. 相比于其他市（州），您企业所在地的营商环境对本企业实现更高的销售增长率具有	Q32
33. 相比于其他市（州），您企业所在地的营商环境对本企业实现更高的投资回报率具有	Q33
1. 您的性别	性别
2. 您的年龄	年龄
3. 您的学历	学历
4. 贵公司的企业类型（产权结构）	企业类型
5. 贵公司投资总额（企业规模）	企业规模
6. 贵公司（机构）员工数量	企业员工数量
7. 贵公司注册时间是	企业注册时间
8. 贵公司所在地市州	企业所在地
9. 贵公司所处行业	行业

将问卷收集得到的数据编好后导入 SPSS 26.0 进行分析，结果如表 3 – 3 所示。

表 3 – 3　　　　　　　　　　样本数据描述性统计

变量	最小值	最大值	均值	标准偏差	偏度		峰度	
					统计值	标准错误	统计值	标准错误
Q1	1	5	3.35	1.031	−0.137	0.166	−0.178	0.331
Q2	1	5	2.66	1.003	0.699	0.166	0.004	0.331

变量	最小值	最大值	均值	标准偏差	偏度		峰度	
					统计值	标准错误	统计值	标准错误
Q3	1	5	3.17	0.941	0.228	0.166	− 0.079	0.331
Q4	1	5	2.85	0.996	0.276	0.166	− 0.126	0.331
Q5	1	5	3.34	0.85	0.129	0.166	− 0.148	0.331
Q6	1	5	3.51	0.809	− 0.004	0.166	0.069	0.331
Q7	1	5	3.24	0.86	0.225	0.166	− 0.175	0.331
Q8	1	5	3.21	0.896	− 0.061	0.166	− 0.075	0.331
Q9	1	5	3.21	0.904	− 0.323	0.166	0.416	0.331
Q10	1	5	3.14	0.91	− 0.291	0.166	0.456	0.331
Q11	1	5	3.3	0.869	− 0.275	0.166	0.56	0.331
Q12	1	5	3.37	0.85	− 0.464	0.166	0.605	0.331
Q13	1	5	3.07	0.906	− 0.149	0.166	0.292	0.331
Q14	1	5	3.63	1.088	− 0.847	0.166	0.137	0.331
Q15	1	5	3.3	0.881	− 0.094	0.166	0.424	0.331
Q16	1	5	3.43	0.846	− 0.139	0.166	0.026	0.331
Q17	1	5	3.25	0.94	− 0.046	0.166	− 0.121	0.331
Q18	1	5	3.25	0.866	0.065	0.166	0.013	0.331
Q19	1	5	3.08	1.071	− 0.1	0.166	− 0.344	0.331
Q20	1	5	3.29	0.878	− 0.265	0.166	0.456	0.331
Q21	1	5	3.3	0.881	− 0.219	0.166	0.311	0.331
Q22	1	5	3.27	0.85	− 0.031	0.166	0.501	0.331
Q23	1	5	3.31	0.855	− 0.002	0.166	0.336	0.331
Q24	1	5	3.32	0.852	0.108	0.166	0.25	0.331
Q25	1	5	3.45	0.859	0.011	0.166	0.01	0.331
Q26	1	5	3.57	0.89	0.083	0.166	− 0.577	0.331
Q27	1	5	3.49	0.843	− 0.074	0.166	0.106	0.331
Q28	1	5	3.47	0.854	0.08	0.166	0.054	0.331
Q29	1	5	3.42	0.888	0.014	0.166	− 0.179	0.331

续表

变量	最小值	最大值	均值	标准偏差	偏度		峰度	
					统计值	标准错误	统计值	标准错误
Q30	1	5	3.41	0.871	-0.075	0.166	0.077	0.331
Q31	1	5	3.38	0.841	0.039	0.166	-0.132	0.331
Q32	1	5	3.39	0.853	0.111	0.166	0.064	0.331
Q33	1	5	3.35	0.846	-0.023	0.166	0.218	0.331

由表 3-3 可知，表中所有变量的样本均值均在 3 左右，且变量偏度与峰度绝对值均小于 1。因此，样本数据基本符合正态分布，能够满足结构方程对于数据的分析要求。

3.3 样本基本情况分析

3.3.1 Q1 基本情况分析

Q1 在问卷中的完整题项为"您企业所在地职业培训机构在促进经济发展方面发挥的作用（如培育技术人才等）"。按照答题的基本情况来看，认为企业所在地职业培训机构在促进经济发展方面发挥的作用非常大的占 16%，比较大的占 22%，一般的占 46%，比较小的占 11%，非常小的仅占 5%，如图 3-10 所示。可以看出被调查者对于"企业所在地职业培训机构在促进经济发展方面发挥的作用"持相对肯定的看法。

1. 学历 Q1 答题基本情况

在学历分类中，本科学历的调查对象对"企业所在地职业培训机构在促进经济发展方面发挥的作用"的看法，有 44 人认为作用一般，23 人认

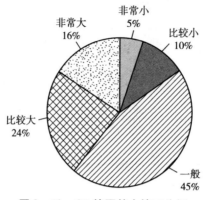

图 3 - 10　Q1 答题基本情况分析

为作用比较大，15 人认为作用非常大，而有 15 人认为作用比较小，仅有 3 人认为作用非常小。在硕士及以上学历中，44 人认为作用一般，22 人认为作用比较大，13 人认为作用非常大，7 人认为作用比较小，但是 8 人认为作用非常小，如图 3 - 11 所示。可以看出在认为发挥积极作用的人群中，本科学历和硕士及以上学历区别不大，但是硕士及以上员工认为作用非常小的人数较本科学历的调查者多。

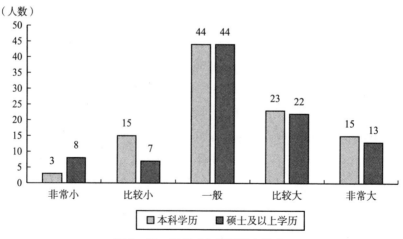

图 3 -11　学历 Q1 答题基本情况

2. 企业类型 Q1 答题基本情况

在学历分类中，国有企业的调查对象对"企业所在地职业培训机构在促进经济发展方面发挥的作用"的看法，有 58 人认为作用一般，32 人认为作用比较大，20 人认为作用非常大，而有 15 人认为作用比较小，仅有 6 人认为作用非常小。在民营企业中，有 30 人认为作用一般，15 人认为作用比较大，13 人认为作用非常大，5 人认为作用比较小，3 人认为作用非常小，如图 3 – 12 所示。由于样本量的原因，国有企业的人数比民营企业的人数多，但是从比例上来说，民营企业的调查对象对"企业所在地职业培训机构在促进经济发展方面发挥的作用"的看法更为乐观。

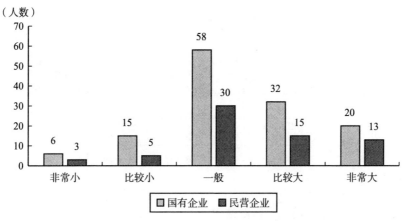

图 3 – 12　企业类型 Q1 答题基本情况

3. 企业员工数量 Q1 答题基本情况

在企业员工数量分类中，20 ~ 50 人企业的调查对象对"企业所在地职业培训机构在促进经济发展方面发挥的作用"的看法，有 19 人认为作用一般，5 人认为作用比较大，7 人认为作用非常大，而有 3 人认为作用比较小，仅有 4 人认为作用非常小。在 51 ~ 300 人企业中，22 人认为作用一般，21 人认为作用比较大，9 人认为作用非常大，7 人认为作用比较小，3 人认为作用非常小。在 301 ~ 1 000 人企业中，12 人认为作用一般，

8 人认为作用比较大，4 人认为作用非常大，5 人认为作用比较小，1 人认为作用非常小。在 1 000 人以上企业中，34 人认为作用一般，14 人认为作用比较大，13 人认为作用非常大，6 人认为作用比较小，3 人认为作用非常小，如图 3 – 13 所示。由于样本量的原因无法从样本量进行直观的比较，但是人数大于 51 人的企业对"企业所在地职业培训机构在促进经济发展方面发挥的作用"的看法更为乐观，其中 51～300 人企业的看法最为乐观。

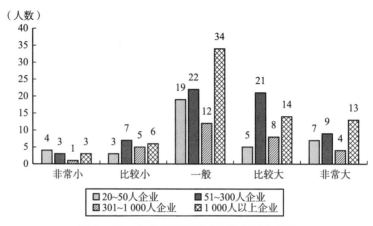

图 3 – 13　企业员工数量 Q1 答题基本情况

4. 企业注册时间 Q1 答题情况

在企业注册时间分类中，注册时间 5 年以下企业的调查对象对"企业所在地职业培训机构在促进经济发展方面发挥的作用"的看法，有 26 人认为作用一般，11 人认为作用非常大，5 人认为作用非常大，而有 4 人认为作用比较小，仅有 1 人认为作用非常小。在注册 5～10 年的企业中，25 人认为作用一般，13 人认为作用比较大，11 人认为作用非常大，6 人认为作用比较小，5 人认为作用非常小。在注册 10 年以上的企业中，46 人认为作用一般，26 人认为作用比较大，18 人认为作用非常大，12 人认为作用比较小，5 人认为作用非常小，如图 3 – 14 所示。由于样本量的原因，国有企业的人数比民营企业的人数多，但是从比例上来说，注册 5～

10 年企业的调查对象对"企业所在地职业培训机构在促进经济发展方面发挥的作用"的满意程度和不满意程度都较高。

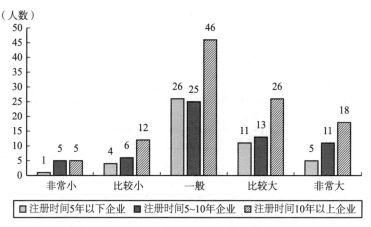

图 3–14　企业注册时间 Q1 答题情况

5. 企业所在地 Q1 答题基本情况

在企业所在地分类中，省会城市企业的调查对象对"企业所在地职业培训机构在促进经济发展方面发挥的作用"的看法，有 66 人认为作用一般，41 人认为作用比较大，27 人认为作用非常大，而有 16 人认为作用比较小，仅有 9 人认为作用非常小。在非省会企业中，31 人认为作用一般，9 人认为作用比较大，7 人认为作用非常大，6 人认为作用比较小，2 人认为作用非常小，如图 3–15 所示。由于样本量的原因无法从样本量进行直观的比较，但是从比例上来说，省会城市企业的调查对象对"企业所在地职业培训机构在促进经济发展方面发挥的作用"的看法更为乐观，也可能是因为省会城市在这一方面资源更为丰富的原因。

6. 行业 Q1 答题基本情况

在行业分类中，高新技术产业企业的调查对象对"企业所在地职业培训机构在促进经济发展方面发挥的作用"的看法，有 32 人认为作用一般，20 人认为作用比较大，6 人认为作用非常大，而有 7 人认为作用比较小，

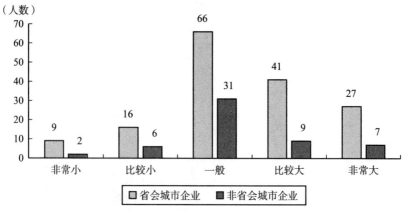

图 3-15　企业所在地 Q1 答题基本情况

仅有 6 人认为作用非常小。在服务型产业企业中，19 人认为作用一般，8 人认为作用比较大，8 人认为作用非常大，3 人认为作用比较小，2 人认为作用非常小。在其他产业企业中，46 人认为作用一般，22 人认为作用比较大，20 人认为作用非常大，12 人认为作用比较小，3 人认为作用非常小，如图 3-16 所示。由于样本量的原因无法从样本量进行直观的比较，但是从比例上来说，高新技术产业企业的调查对象对"企业所在地职业培训机构在促进经济发展方面发挥的作用"的看法乐观一些，其余企业的看法较为一致。

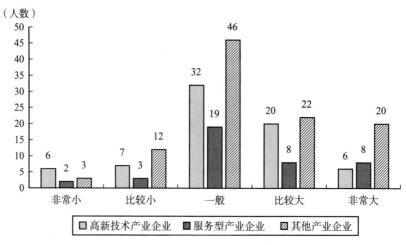

图 3-16　行业 Q1 答题基本情况

3.3.2　Q2 基本情况分析

Q2 在问卷中的完整题项为"您企业所在地雇用工人,尤其是雇用高技术人才的困难程度"。按照答题的基本情况来看,认为企业所在地雇用工人,尤其是雇用高技术人才的困难程度非常容易的占 11%,比较容易的占 29%,一般的占 50%,比较困难的占 9%,非常困难的仅占 1%,如图 3 - 17 所示。可以看出,被调查者对于"企业所在地雇用工人,尤其是雇用高技术人才的困难程度"持相对肯定的看法。

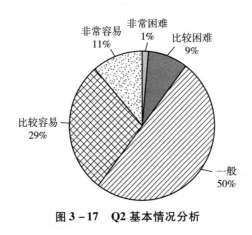

图 3 - 17　Q2 基本情况分析

1. 学历 Q2 答题基本情况

在学历分类中,本科学历的调查对象对"企业所在地雇用工人,尤其是雇用高技术人才的困难程度"的看法,有 27 人认为一般,15 人认为比较容易,8 人认为非常容易,而有 45 人认为比较困难,仅有 5 人认为非常困难。在硕士及以上学历中,27 人认为一般,7 人认为比较容易,5 人认为非常容易,45 人认为比较困难,10 人认为非常困难,如图 3 - 18 所示。针对"企业所在地雇用工人,尤其是雇用高技术人才的困难程度"这个问题,本科学历和硕士及以上学历的调查者的看法区别不大,整体相对偏悲观。

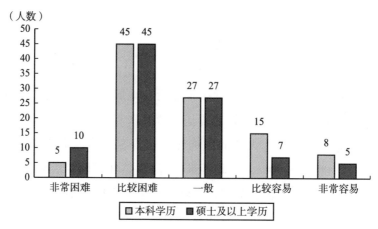

图 3-18 学历 Q2 答题基本情况

2. 企业类型 Q2 答题基本情况

在企业类型分类中，国有企业的调查对象对"企业所在地雇用工人，尤其是雇用高技术人才的困难程度"的看法，有 35 人认为一般，17 人认为比较容易，12 人认为非常容易，而有 58 人认为比较困难，9 人认为非常困难。在民营企业中，22 人认为一般，7 人认为比较容易，2 人认为非常容易，30 人认为比较困难，5 人认为非常困难，如图 3-19 所示。针对"企业所在地雇用工人，尤其是雇用高技术人才的困难程度"这个问题，国有企业和民营企业的调查者的看法区别不大，但国有企业在"非常容易"的选项中人数较多。

3. 企业规模 Q2 答题基本情况

在企业规模分类中，50 人及以下企业的调查对象对企业所在地雇佣工人，尤其是雇佣高技术人才的困难程度，6 人认为非常困难，24 人认为比较困难，16 人认为一般，4 人认为比较容易，2 人认为非常容易；51 ~ 300 人的企业的调查对象对企业所在地雇佣工人，尤其是雇佣高技术人才的困难程度，5 人认为非常困难，30 人认为比较困难，20 人认为一般，5 人认为比较容易，2 人认为非常容易；301 ~ 1 000 的企业的调查对象对企业所在地雇佣工人，尤其是雇佣高技术人才的困难程度，3 人认为非常困

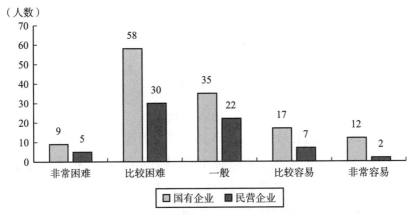

图 3－19　企业类型 Q2 答题基本情况

难，15 人认为比较困难，4 人认为一般，6 人认为比较容易，2 人认为非常容易；1 000 人以上企业的调查对象对企业所在地雇佣工人，尤其是雇佣高技术人才的困难程度，1 人认为非常困难，28 人认为比较困难，22人认为一般，11 人认为比较容易，8 人认为非常容易，如图 3－20 所示。从企业规模来看，规模越大企业在获取劳动力尤其是高素质劳动力方面相对具有较强的优势，而企业员工数量越少的企业往往会因为企业自身的规模劣势，在招聘劳动力时成为对方的次优选项。

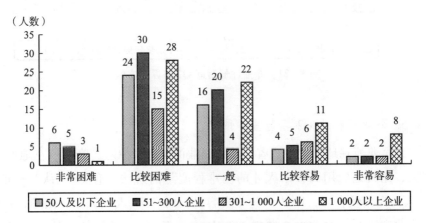

图 3－20　企业规模 Q2 答题基本情况

4. 企业注册时间 Q2 答题基本情况

在企业注册时间分类中，5 年以下企业的调查对象对"企业所在地雇用工人，尤其是雇用高技术人才的困难程度"的看法，有 12 人认为一般，4 人认为比较容易，3 人认为非常容易，而有 24 人认为比较困难，4 人认为非常困难。在 5～10 年企业中，19 人认为一般，9 人认为比较容易，1 人认为非常容易，27 人认为比较困难，4 人认为非常困难。在 10 年以上企业中，31 人认为一般，13 人认为比较容易，10 人认为非常容易，46 人认为比较困难，7 人认为非常困难，如图 3-21 所示。针对"企业所在地雇用工人，尤其是雇用高技术人才的困难程度"这个问题，在"困难"选项中三者的看法区别不大，但 10 年以上企业在"非常容易"的选项中人数相对较多。

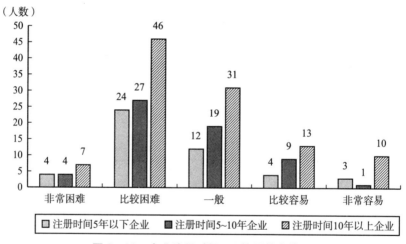

图 3-21　企业注册时间 Q2 答题基本情况

5. 企业所在地 Q2 答题基本情况

在企业所在地分类中，省会城市企业的调查对象对"企业所在地雇用工人，尤其是雇用高技术人才的困难程度"的看法，有 46 人认为一般，21 人认为比较容易，12 人认为非常容易，而有 71 人认为比较困难，9 人认为非常困难。在非省会城市企业中，16 人认为一般，5 人认为比较容易，2 人认为非常容易，26 人认为比较困难，6 人认为非常困难，如图 3 - 22 所示。针对"企业所在地雇用工人，尤其是雇用高技术人才的困难程度"这个问题，在"困难"选项中三者的看法区别不大，但可以看出，省会城市企业调查对象对于"容易选项"在同比例下会高于非省会城市企业，具有一定的必然性。

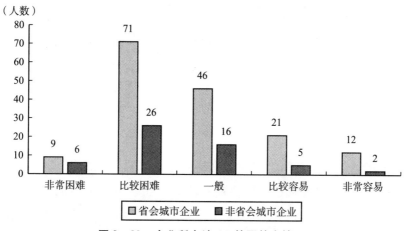

图 3 - 22　企业所在地 Q2 答题基本情况

6. 行业 Q2 答题基本情况

在行业分类中，高新技术产业企业的调查对象对"企业所在地雇用工人，尤其是雇用高技术人才的困难程度"的看法，有 22 人认为一般，9 人认为比较容易，5 人认为非常容易，而有 30 人认为比较困难，5 人认为非常困难。在服务型产业企业中，13 人认为一般，5 人认为比较容易，1 人认为非常容易，16 人认为比较困难，5 人认为非常困难。在其他产业企业中，27 人认为一般，12 人认为比较容易，8 人认为非常容易，51 人认为比较困难，5 人认为非常困难，如图 3 - 23 所示。针对"企业所在地雇用工人，尤其是雇用高技术人才的困难程度"这个问题，其他产业企业的困难程度高于另外两种企业，而高新技术产业企业雇用工人，尤其是雇用高技术人才的困难程度相对较高。

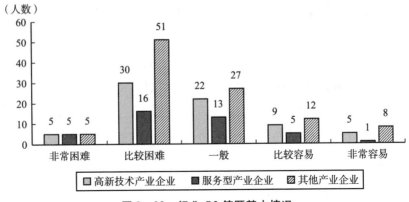

图 3-23 行业 Q2 答题基本情况

3.3.3 Q3 基本情况分析

Q3 在问卷中的完整题项为"您所在企业人员的流失率（离职率）"。按照答题的基本情况来看，被调查者认为所在企业人员的流失率（离职率）非常高的占 11%，比较高的占 19%，一般的占 49%，比较低的占 18%，非常低的 3%，如图 3-24 所示。可以看出，被调查者认为所在企业人员的流失率（离职率）整体还是偏高的。

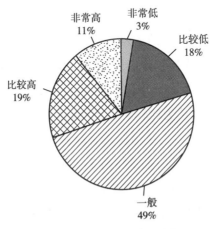

图 3-24 Q3 基本情况分析

1. 学历 Q3 答题基本情况分析

按照学历分类，在属于本科学历的员工中，有 12 名员工认为所在企业人员的流失率（离职率）非常高，19 名员工认为比较高，53 名员工认为一般，13 名员工认为比较低，3 名员工认为非常低；在属于硕士及以上学历的员工中，有 7 名员工认为所在企业人员的流失率（离职率）非常高，19 名员工认为比较高，43 名员工认为一般，22 名员工认为比较低，3 名员工认为非常低，如图 3－25 所示。可以看出，不管被调查者的学历是本科或者硕士及以上，均认为所在企业人员的流失率（离职率）一般高。

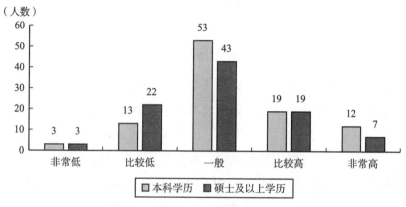

图 3－25　学历 Q3 答题基本情况分析

2. 企业类型 Q3 答题基本情况分析

按照企业类型分类，在属于国有企业的员工中，有 16 名员工认为所在企业人员的流失率（离职率）非常高，23 名员工认为比较高，64 名员工认为一般，24 名员工认为比较低，4 名员工认为非常低；在属于民营企业的员工中，有 5 名员工认为所在企业人员的流失率（离职率）非常高，12 名员工认为比较高，33 名员工认为一般，14 名员工认为比较低，2 名员工认为非常低，如图 3－26 所示。可以看出，不管被调查者是在国有企业还是民营企业，均认为所在企业人员的流失率（离职率）居中。

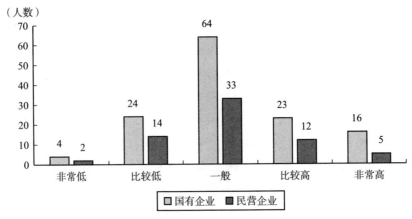

图 3 – 26　企业类型 Q3 答题基本情况分析

3. 企业员工数量 Q3 答题基本情况

按照企业员工数量分类，在员工数量为 50 人及以下的企业中，有 4 名员工认为所在企业人员的流失率（离职率）非常高，7 名员工认为比较高，23 名员工认为一般，14 名员工认为比较低，4 名员工认为非常低；在员工数量为 51~300 人的企业中，有 6 名员工认为所在企业人员的流失率（离职率）非常高，13 名员工认为比较高，33 名员工认为一般，10 名员工认为比较低，没有员工认为非常低；在员工数量为 301~1 000 人的企业中，有 3 名员工认为所在企业人员的流失率（离职率）非常高，9 名员工认为比较高，13 名员工认为一般，5 名员工认为比较低，没有员工认为非常低；在员工数量为 1 000 人以上的企业中，有 10 名员工认为所在企业人员的流失率（离职率）非常高，12 名员工认为比较高，37 名员工认为一般，9 名员工认为比较低，2 名员工认为非常低，如图 3 – 27 所示。可以看出，不管被调查者所处企业规模如何，均认为所在企业人员的流失率（离职率）不算高。

4. 企业注册时间 Q3 答题基本情况分析

按照企业注册时间分类，在注册时间 5 年以下的企业中，有 5 名员工认为所在企业人员的流失率（离职率）非常高，4 名员工认为比较高，25

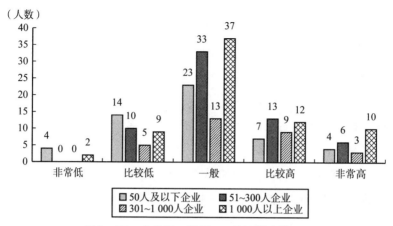

（人数）

图 3 - 27　企业员工数量 Q3 答题基本情况

名员工认为一般，10 名员工认为比较低，3 名员工认为非常低；在注册时间 5 ~ 10 年的企业中，有 4 名员工认为所在企业人员的流失率（离职率）非常高，17 名员工认为比较高，29 名员工认为一般，10 名员工认为比较低，没有员工认为非常低；在注册时间 10 年以上的企业中，有 14 名员工认为所在企业人员的流失率（离职率）非常高，20 名员工认为比较高，52 名员工认为一般，18 名员工认为比较低，3 名员工认为非常低，如图 3 - 28 所示。可以看出，不管被调查者所处企业注册时间长短，均认为所在企业人员的流失率（离职率）不算高。

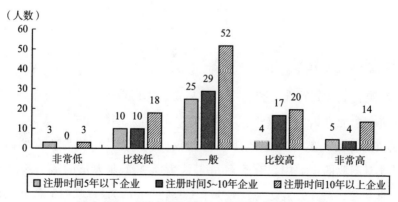

（人数）

图 3 - 28　企业注册时间 Q3 答题基本情况分析

5. 企业所在地 Q3 答题基本情况

按照企业所在地分类，在企业所在地属于省会城市的企业中，有 16 名员工认为所在企业人员的流失率（离职率）非常高，33 名员工认为比较高，81 名员工认为一般，24 名员工认为比较低，5 名员工认为非常低；在企业所在地属于非省会城市的企业中，有 7 名员工认为所在企业人员的流失率（离职率）非常高，8 名员工认为比较高，25 名员工认为一般，14 名员工认为比较低，1 名员工认为非常低，如图 3 - 29 所示。可以看出，不管被调查者所在的企业是否是省会城市，均认为所在企业人员的流失率（离职率）不算高。

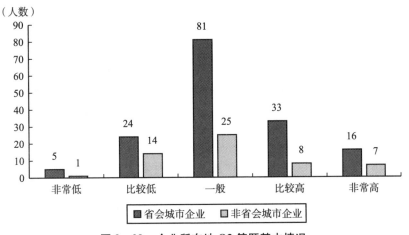

图 3 - 29　企业所在地 Q3 答题基本情况

6. 行业 Q3 答题基本情况分析

按照企业所属行业分类，在属于高新技术产业的企业中，有 7 名员工认为所在企业人员的流失率（离职率）非常高，16 名员工认为比较高，36 名员工认为一般，11 名员工认为比较低，1 名员工认为非常低；在属于服务型产业的企业中，有 5 名员工认为所在企业人员的流失率（离职率）非常高，2 名员工认为比较高，18 名员工认为一般，13 名员工认为比较低，2 名员工认为非常低；在属于其他产业的企业中，有 11 名员工认为所在企业人员的流失率（离职率）非常高，23 名员工认为比较高，52 名员工认为一般，14 名员工认为比较低，3 名员工认为非常低，如图 3 - 30 所示。可以看出，不管被调查者所在的企业属于哪一类产业，均认为所在企业人员的流失率（离职率）不算高。

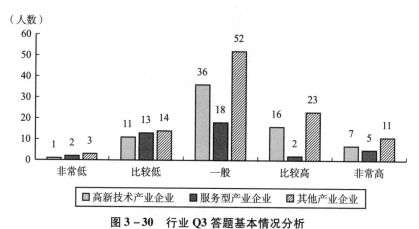

图 3 - 30　行业 Q3 答题基本情况分析

3.3.4　Q5 基本情况分析

Q5 在问卷中的完整题项为"您对企业所在地的基础设施及配套建设满足企业经营发展的满意程度"。按照答题的基本情况来看，被调查者对企业所在地的基础设施及配套建设满足企业经营发展非常满意的占 9%，比较满意的占 30%，一般的占 49%，比较不满意的占 10%，非常不满意的占 2%，如图 3 - 31 所示。可以看出，被调查者对于企业所在地的基础设施及配套建设满足企业经营发展的满意程度持相对肯定的看法。

1. 学历 Q5 答题基本情况分析

按照学历分类，在属于本科学历的员工中，有 12 名员工对企业所在地的基础设施及配套建设满足企业经营发展非常满意，22 名员工比较满意，54 名员工一般，10 名员工比较不满意，2 名员工非常不满意；在属于硕士及以上学历的员工中，有 2 名员工对企业所在地的基础设施及配套

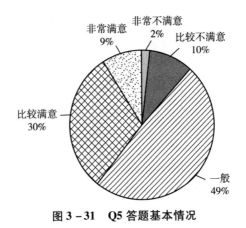

图 3 - 31　Q5 答题基本情况

建设满足企业经营发展非常满意，35 名员工比较满意，41 名员工一般，16 名员工比较不满意，没有员工非常不满意，如图 3 - 32 所示。可以看出，不管被调查者的学历是本科或者硕士及以上，对企业所在地的基础设施及配套建设满足企业经营发展的满意程度都基本持肯定的看法。

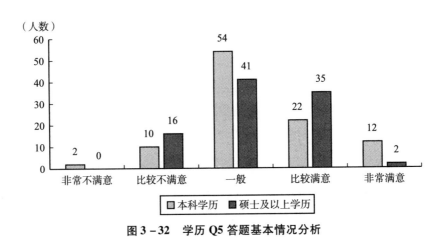

图 3 - 32　学历 Q5 答题基本情况分析

2. 企业类型 Q5 答题基本情况

按照企业类型分类，在属于国有企业的员工中，有 10 名员工对企业所在地的基础设施及配套建设满足企业经营发展非常满意，39 名员工比较满意，62 名员工一般，18 名员工比较不满意，2 名员工非常不满意；在属于民营企业的员工中，有 9 名员工对企业所在地的基础设施及配套建设满足企业经营发展非常满意，19 名员工比较满意，31 名员工一般，7 名员工比较不满意，没有员工非常不满意，如图 3 - 33 所示。可以看出，不管被调查者是在国有企业还是民营企业，对企业所在地的基础设施及配套建设满足企业经营发展的满意程度都基本持肯定的看法。

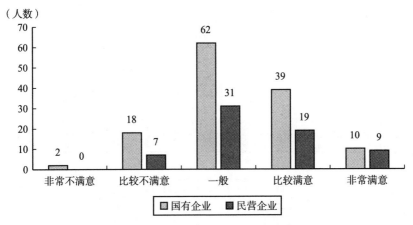

图 3 - 33 企业类型 Q5 答题基本情况

3. 企业员工数量 Q5 答题基本情况

按照企业员工数量分类，在员工数量为 50 人及以下的企业中，有 5 名员工对企业所在地的基础设施及配套建设满足企业经营发展非常满意，8 名员工比较满意，29 名员工一般，10 名员工比较不满意，没有员工非常不满意；在员工数量为 51 ~ 300 人的企业中，有 5 名员工对企业所在地的基础设施及配套建设满足企业经营发展非常满意，21 名员工比较满意，31 名员工一般，4 名员工比较不满意，1 名员工非常不满意；在员工数量为 301 ~ 1 000 人的企业中，有 1 名员工对企业所在地的基础设施及配套建设满足企业经营发展非常满意，11 名员工比较满意，13 名员工一般，5

名员工比较不满意，没有员工非常不满意；在员工数量为1 000人以上的企业中，有9名员工对企业所在地的基础设施及配套建设满足企业经营发展非常满意，23名员工比较满意，29名员工一般，8名员工比较不满意，1名员工非常不满意，如图3－34所示。可以看出，不管被调查者所处企业规模如何，对企业所在地的基础设施及配套建设满足企业经营发展的满意程度都基本持肯定的看法。

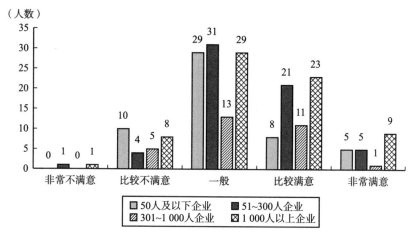

图3－34　企业员工数量Q5答题基本情况

4. 企业注册时间Q5答题基本情况

按照企业注册时间分类，在注册时间5年以下的企业中，有4名员工对企业所在地的基础设施及配套建设满足企业经营发展非常满意，11名员工比较满意，23名员工一般，7名员工比较不满意，2名员工非常不满意；在注册时间5～10年的企业中，有4名员工对企业所在地的基础设施及配套建设满足企业经营发展非常满意，13名员工比较满意，36名员工一般，7名员工比较不满意，没有员工非常不满意；在注册时间10年以上的企业中，有12名员工对企业所在地的基础设施及配套建设满足企业经营发展非常满意，39名员工比较满意，43名员工一般，13名员工比较不满意，没有员工非常不满意，如图 3 – 35 所示。可以看出，不管被调查者所处企业注册时间长短，对企业所在地的基础设施及配套建设满足企业经营发展的满意程度都基本持肯定的看法。

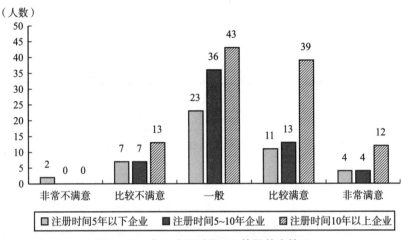

图 3 – 35　企业注册时间 Q5 答题基本情况

5. 企业所在地 Q5 答题基本情况分析

按照企业所在地分类，在企业所在地属于省会城市的企业中，有 19 名员工对企业所在地的基础设施及配套建设满足企业经营发展非常满意，54 名员工比较满意，67 名员工一般，19 名员工比较不满意，没有员工非常不满意；在企业所在地属于非省会城市的企业中，有 1 名员工对企业所在地的基础设施及配套建设满足企业经营发展非常满意，9 名员工比较满意，35 名员工一般，8 名员工比较不满意，2 名员工非常不满意，如图 3 – 36 所示。可以看出，不管被调查者所在的企业是否是省会城市，对企业所在地的基础设施及配套建设满足企业经营发展的满意程度都基本持肯定的看法。

6. 行业 Q5 答题基本情况

按照企业所属行业分类，在属于服务型产业的企业中，有 3 名员工对企业所在地的基础设施及配套建设满足企业经营发展非常满意，7 名员工

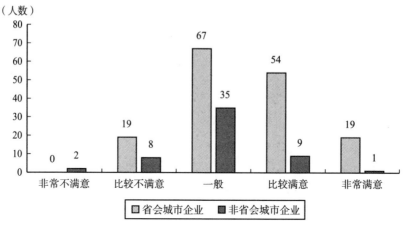

图 3 - 36　企业所在地 Q5 答题基本情况分析

比较满意，25 名员工一般，5 名员工比较不满意，没有员工非常不满意；在属于高新技术产业的企业中，有 4 名员工对企业所在地的基础设施及配套建设满足企业经营发展非常满意，26 名员工比较满意，30 名员工一般，11 名员工比较不满意，没有员工非常不满意；在属于其他产业的企业中，有 13 名员工对企业所在地的基础设施及配套建设满足企业经营发展非常满意，30 名员工比较满意，47 名员工一般，11 名员工比较不满意，2 名员工非常不满意，如图 3 - 37 所示。可以看出，不管被调查者所在的企业

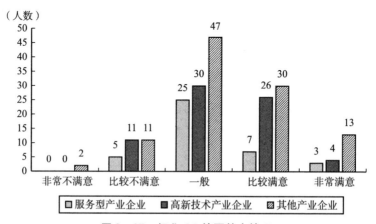

图 3 - 37　行业 Q5 答题基本情况

属于哪一类产业，对企业所在地的基础设施及配套建设满足企业经营发展的满意程度都基本持肯定的看法。

3.3.5　Q7 基本情况分析

Q7 在问卷中的完整题项为"您对企业所在地上下游产业链合作情况的满意程度"。按照答题的基本情况来看，被调查者对企业所在地上下游产业链合作情况非常满意的占8%，比较满意的占26%，一般的占49%，比较不满意的占16%，非常不满意的占1%，如图 3 – 38 所示。可以看出，被调查者对于企业所在地上下游产业链合作情况的满意程度持相对肯定的看法。

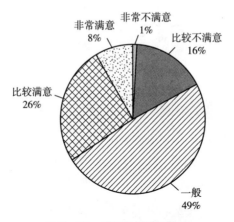

图 3 – 38　Q7 基本情况分析

1. 学历 Q7 基本情况分析

按照学历分类，在属于本科学历的员工中，有 11 名员工对企业所在地上下游产业链合作情况非常满意，23 名员工比较满意，49 名员工一般，16 名员工比较不满意，1 名员工非常不满意；在属于硕士及以上学历的员工中，有 3 名员工对企业所在地上下游产业链合作情况非常满意，26 名员工比较满意，49 名员工一般，15 名员工比较不满意，1 名员工非常不满意，如图 3 - 39 所示。可以看出，不管被调查者的学历是本科或者硕士及以上，对企业所在地上下游产业链合作情况的满意程度都基本持肯定的看法。

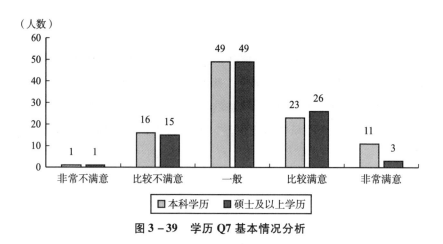

图 3 - 39　学历 Q7 基本情况分析

2. 企业类型 Q7 基本情况分析

按照企业类型分类，在属于国有企业的员工中，有 11 名员工对企业所在地上下游产业链合作情况非常满意，35 名员工比较满意，61 名员工一般，22 名员工比较不满意，2 名员工非常不满意；在属于民营企业的员工中，有 5 名员工对企业所在地上下游产业链合作情况非常满意，14 名员工比较满意，37 名员工一般，10 名员工比较不满意，没有员工非常不满意，如图 3 - 40 所示。可以看出，不管被调查者是在国有企业还是民营企业，对企业所在地上下游产业链合作情况的满意程度都基本持肯定的看法。

3. 企业员工数量 Q7 基本情况分析

按照企业员工数量分类，在员工数量为 50 人及以下的企业中，有 5 名员工对企业所在地上下游产业链合作情况非常满意，10 名员工比较满意，26 名员工一般，10 名员工比较不满意，1 名员工非常不满意；在员工数量为 51 ~ 300 人的企业中，有 3 名员工对企业所在地上下游产业链合

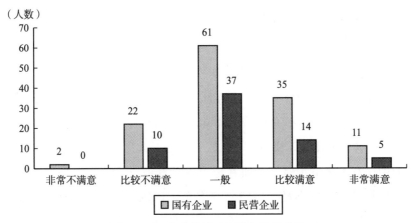

图 3 – 40 企业类型 Q7 基本情况分析

作情况非常满意，19 名员工比较满意，33 名员工一般，7 名员工比较不满意，没有员工非常不满意；在员工数量为 301 ~ 1 000 人的企业中，有 1 名员工对企业所在地上下游产业链合作情况非常满意，11 名员工比较满意，13 名员工一般，5 名员工比较不满意，没有员工非常不满意；在员工数量为 1 000 人以上的企业中，有 9 名员工对企业所在地上下游产业链合作情况非常满意，15 名员工比较满意，32 名员工一般，13 名员工比较不满意，1 名员工非常不满意，如图 3 – 41 所示。可以看

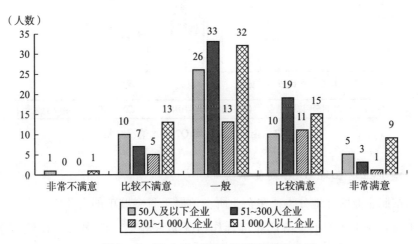

图 3 – 41 企业员工数量 Q7 基本情况分析

出，不管被调查者所处企业规模如何，对企业所在地上下游产业链合作情况的满意程度都基本持肯定的看法。

4. 企业注册时间 Q7 基本情况分析

按照企业注册时间分类，在注册时间 5 年以下的企业中，有 3 名员工对企业所在地上下游产业链合作情况非常满意，11 名员工比较满意，25 名员工一般，7 名员工比较不满意，1 名员工非常不满意；在注册时间 5~10 年的企业中，有 4 名员工对企业所在地上下游产业链合作情况非常满意，16 名员工比较满意，25 名员工一般，15 名员工比较不满意，没有员工非常不满意；在注册时间 10 年以上的企业中，有 11 名员工对企业所在地上下游产业链合作情况非常满意，28 名员工比较满意，54 名员工一般，13 名员工比较不满意，1 名员工非常不满意，如图 3 - 42 所示。可以看出，不管被调查者所处企业注册时间长短，对企业所在地上下游产业链合作情况的满意程度都基本持肯定的看法。

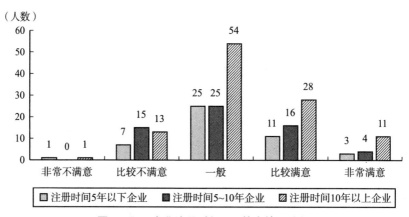

图 3 - 42　企业注册时间 Q7 基本情况分析

5. 企业所在地 Q7 答题基本情况

按照企业所在地分类，在企业所在地属于省会城市的企业中，有 15 名员工对企业所在地上下游产业链合作情况非常满意，41 名员工比较满意，77 名员工一般，24 名员工比较不满意，2 名员工非常不满意；在企业所在地属于非省会城市的企业中，有 3 名员工对企业所在地上下游产业链合作情况非常满意，14 名员工比较满意，27 名员工一般，11 名员工比较不满意，没有员工非常不满意，如图 3-43 所示。可以看出，不管被调查者所在的企业是否是省会城市，对企业所在地上下游产业链合作情况的满意程度都基本持肯定的看法。

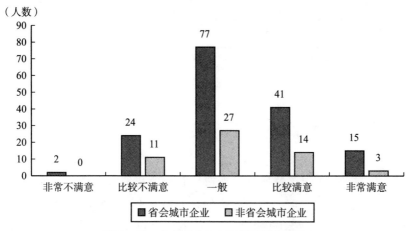

图 3-43　企业所在地 Q7 答题基本情况

6. 行业 Q7 基本情况分析

按照企业所属行业分类，在属于服务型产业的企业中，有 4 名员工对企业所在地上下游产业链合作情况非常满意，10 名员工比较满意，20 名员工一般，4 名员工比较不满意，2 名员工非常不满意；在属于高新技术产业的企业中，有 4 名员工对企业所在地上下游产业链合作情况非常满意，24 名员工比较满意，32 名员工一般，11 名员工比较不满意，没有员工非常不满意；在属于其他产业的企业中，有 10 名员工对企业所在地上下游产业链合作情况非常满意，21 名员工比较满意，52 名员工一般，20 名员工比较不满意，没有员工非常不满意，如图 3-44 所示。可以看出，不管被调查者所在的企业属于哪一类产业，对企业所在地上下游产业链合作情况的满意程度都基本持肯定的看法。

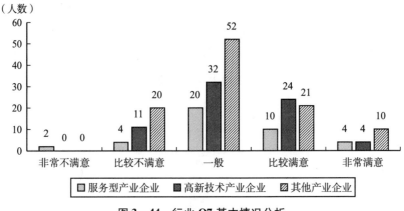

图 3 - 44　行业 Q7 基本情况分析

3.3.6　Q9 基本情况分析

Q9 在问卷中的完整题项为"您对您企业所在地政府创新的政策、资金的支持力度的满意程度"。按照答题的基本情况来看，被调查者对企业所在地上下游产业链合作情况非常满意的占 7%，比较满意的占 29%，一般的占 49%，比较不满意的占 10%，非常不满意的占 5%，如图 3 - 45 所示。可以看出，被调查者对于企业所在地政府创新的政策、资金的支持力度的满意程度持相对肯定的看法。

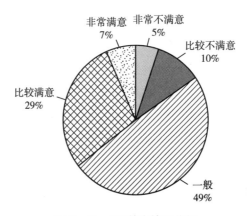

图 3 - 45　Q9 基本情况分析

1. 学历 Q9 基本情况分析

按照学历分类，在属于本科学历的员工中，有 9 名员工对企业所在地政府创新的政策、资金的支持力度非常满意，27 名员工比较满意，49 名员工一般，13 名员工比较不满意，2 名员工非常不满意；在属于硕士及以上学历的员工中，有 3 名员工对企业所在地政府创新的政策、资金的支持力度非常满意，26 名员工比较满意，47 名员工一般，9 名员工比较不满意，9 名员工非常不满意，如图 3 – 46 所示。可以看出，不管被调查者的学历是本科或者硕士及以上，对企业所在地政府创新的政策、资金的支持力度的满意程度都基本持肯定的看法。

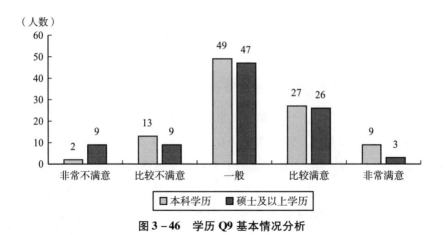

图 3 – 46　学历 Q9 基本情况分析

2. 企业类型 Q9 基本情况分析

按照企业类型分类，在属于国有企业的员工中，有 10 名员工对企业所在地政府创新的政策、资金的支持力度非常满意，36 名员工比较满意，62 名员工一般，14 名员工比较不满意，9 名员工非常不满意；在属于民营企业的员工中，有 2 名员工对企业所在地政府创新的政策、资金的支持力度非常满意，20 名员工比较满意，35 名员工一般，7 名员工比较不满意，2 名员工非常不满意，如图 3 – 47 所示。可以看出，不管被调查者是在国有企业还是民营企业，对企业所在地政府创新的政策、资金的支持力度的满意程度都基本持肯定的看法。

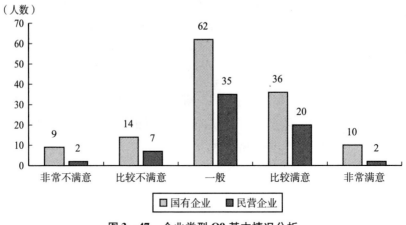

图 3 - 47　企业类型 Q9 基本情况分析

3. 企业员工数量 Q9 基本情况分析

在企业员工数量划分中，调查对象对企业所在地政府创新的政策、资金的支持力度的满意程度。50 人及以下的企业中，4 人非常不满意，9 人比较不满意，26 人一般，10 人比较满意，3 人非常满意；在 51～300 人的企业中，2 人非常不满意，7 人比较不满意，31 人一般，19 人比较满意，3 人非常满意；在 301～1 000 人的企业中，1 人非常不满意，2 人比较不满意，13 人一般，13 人比较满意，1 人非常满意；在 1 000 人以上的企业中，4 人非常不满意，4 人比较不满意，35 人一般，20 人比较满意，7 人非常满意，如图 3 - 48 所示。从整体上来看，企业员工数量与企业所在地政府创新的政策、资金的支持力度的满意程度没有多少影响，满意程度基数的占比基本相似。

4. 企业注册时间 Q9 基本情况分析

在企业注册时间的划分中，调查对象对企业所在地政府创新的政策、资金的支持力度的满意程度。在注册时间 5 年以下的企业中，2 人非常不满意，10 人比较不满意，22 人一般，10 人比较满意，3 人非常满意；在注册

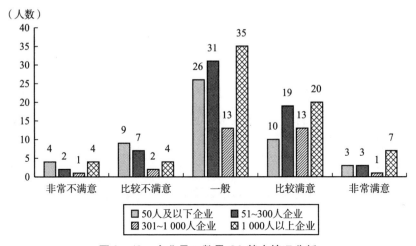

图 3 – 48　企业员工数量 Q9 基本情况分析

时间为 5 ~ 10 年的企业中，2 人非常不满意，3 人比较不满意，32 人一般，21 人比较满意，2 人非常满意；在注册时间 10 年以上的企业中，7人非常不满意，9 人比较不满意，51 人一般，31 人比较满意，9 人非常满意，如图 3 – 49 所示。从整体上来看，企业注册时间的长短对企业所在地政府创新的政策、资金的支持力度的满意程度没有多少影响，满意的个体的基数始终大于不满意个体的基数。

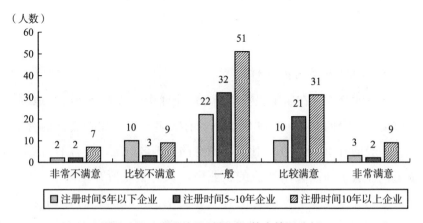

图 3 – 49　企业注册时间 Q9 基本情况分析

5. 企业所在地 Q9 基本情况分析

在企业所在地划分中，调查对象对企业所在地政府创新的政策、资金的支持力度的满意程度。在省会城市的企业中，6 人非常不满意，13 人比较不满意，76 人一般，52 人比较满意，12 人非常满意；在非省会城市的企业中，5 人非常不满意，9 人比较不满意，29 人一般，10 人比较满意，2 人非常满意，如图 3-50 所示。从整体上来看，企业所在地与企业所在地政府创新的政策、资金的支持力度的满意程度的影响不显著，认为比较满意的省会城市企业的个体基数明显大于非省会城市的个体基数。

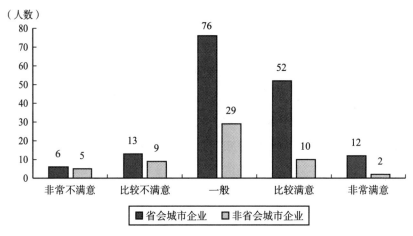

图 3-50　企业所在地 Q9 基本情况分析

6. 行业 Q9 基本情况分析

对于行业分类，在属于服务型产业的企业中，认为企业所在地政府创新的政策、资金的支持力度非常满意的有 3 名员工，比较满意的有 11 名员工，一般的有 20 名员工，比较不满意的有 3 名员工，非常不满意的有 3 名员工；在属于高新技术产业的企业中，认为企业所在地政府创新的政策、资金的支持力度非常满意的有 3 名员工，比较满意的有 21 名员工，一般的有 35 名员工，比较不满意的有 6 名员工，非常不满意的有 6 名员工；在属于其他产业的企业中，认为企业所在地政府创新的政策、资金的支持力度非常满意的有 8 名员工，比较满意的有 30 名员工，一般的有 50 名员工，比较不满意的有 13 名员工，非常不满意的有 2 名员工，如图 3 – 51 所示。可以看出，对行业的不同划分中，以选项"一般"为分界线，认为满意的个体基数明显大于不满意个体的基数。

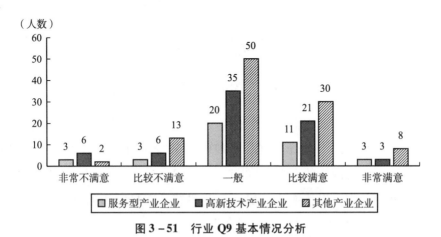

图 3 – 51　行业 Q9 基本情况分析

3.3.7　Q10 基本情况分析

Q10 在问卷中的完整题项为"您对您企业所在地的政府创业孵化服务的满意程度"。按照答题的基本情况来看，认为企业所在地的政府创业孵化服务的满意程度非常满意的占比 6%，比较满意的占比 25%，一般的占比 52%，比较不满意的占比 11%，非常不满意的占比 6%，如图 3 – 52 所示。可以看出，被调查者对于企业所在地的政府创业孵化服务是比较满意的。

1. 学历 Q10 基本情况分析

对于学历分类，在本科学历员工中，认为企业所在地的政府创业孵化服务非常满意的有 10 名员工，比较满意的有 19 名员工，一般的有 53 名员工，比较不满意的有 15 名员工，非常不满意的有 3 名员工；在硕士及

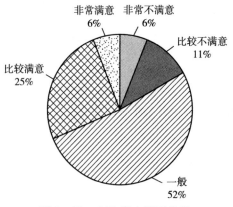

图 3 - 52　Q10 基本情况分析

以上学历员工中，认为企业所在地的政府创业孵化服务非常满意的有 0 名员工，比较满意的有 24 名员工，一般的有 52 名员工，比较不满意的有 8 名员工，非常不满意的有 10 名员工，如图 3 - 53 所示。可以看出，在学历的不同划分中，以选项"一般"为分界线，本科学历的员工中认为满意的个体基数明显大于不满意个体的基数。

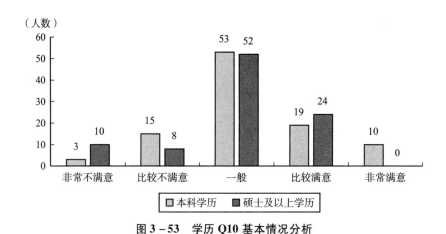

图 3 - 53　学历 Q10 基本情况分析

2. 企业类型 Q10 基本情况分析

对于企业类型分类，在国有企业员工中，认为企业所在地的政府创业孵化服务非常不满意的有 11 名员工，13 名员工比较不满意，70 名员工一般，29 名员工比较满意，8 名员工非常满意；在民营企业中，2 名员工非常不满意，7 名员工比较不满意，34 名员工一般，19 名员工比较满意，4 名员工非常满意，如图 3 - 54 所示。在企业类型层面可以看出，整体上国有企业更加肯定企业所在地的政府创业孵化服务。

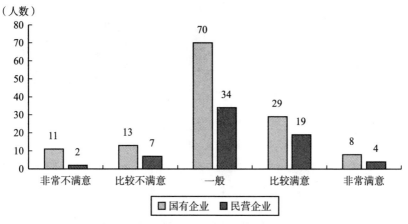

图 3 - 54　企业类型 Q10 基本情况分析

3. 企业员工数量 Q10 基本情况分析

对于企业员工数量划分，在 50 人及以下的企业中，认为企业所在地的政府创业孵化服务非常不满意的有 4 位员工，9 位员工比较不满意，26 位员工一般，11 位员工比较满意，2 位员工非常满意；在 51 ~ 300 人的企业中，2 位员工非常不满意，9 位员工比较不满意，32 位员工觉得一般，15 位员工比较满意，4 位员工非常满意；在 301 ~ 1 000 人的企业中，2 位员工非常不满意，2 位员工比较不满意，16 位员工一般，9 位员工比较满意，1 位员工非常满意；在 1 000 人以上的企业中，5 位员工非常不满意，3 位员工比较不满意，37 位员工一般，19 位员工比较满意，6 位员工非常满意，如图 3 - 55 所示。从整体上来看，员工数量在 1 000 人以上的企业的员工认为企业所在地的政府创业孵化服务满意程度较高。

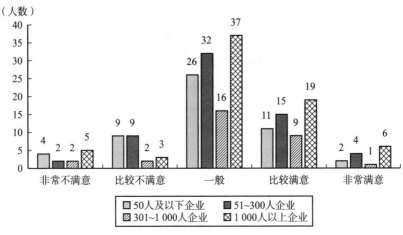

图3-55 企业员工数量Q10基本情况分析

4. 企业注册时间Q10基本情况分析

对于企业注册时间的划分，在注册时间5年以下的企业中，认为企业所在地的政府创业孵化服务非常不满意的有2位员工，10位员工比较不满意，20位员工一般满意，13位员工比较满意，2位员工非常满意；在注册时间为5~10年的企业中，2位员工非常不满意，7位员工比较不满意，32位员工一般满意，16位员工比较满意，3位员工非常满意；在注册时间10年以上的企业中，9位员工非常不满意，6位员工比较不满意，59位员工一般满意，25位员工比较满意，8位员工非常满意，如图3-56所示。从整体上来看，企业注册时间的长短与企业所在地的政府创业孵化服务的满意程度没有多少影响，满意的个体的基数始终大于不满意个体的基数。

5. 企业所在地Q10基本情况分析

对于企业所在地划分，在省会城市的企业中，认为企业所在地的政府创业孵化服务非常不满意的有8位员工，13位员工比较不满意，79位员工一般满意，47位员工比较满意，12位员工非常满意；在非省会城市的

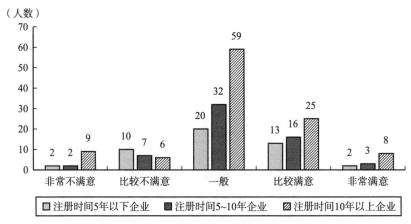

（人数）

图 3 - 56　企业注册时间 Q10 基本情况分析

企业中，5 位员工非常不满意，10 位员工比较不满意，32 位员工一般，7位员工比较满意，1 位员工非常满意，如图 3 - 57 所示。从整体上来看，企业所在地对企业所在地的政府创业孵化服务的满意程度的影响不显著，认为比较满意的省会城市企业的个体基数明显大于非省会城市的个体基数。

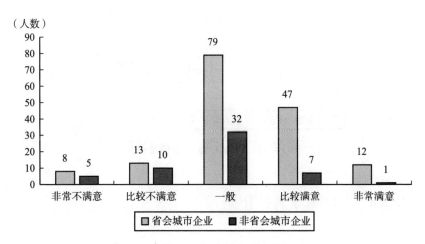

（人数）

图 3 - 57　企业所在地 Q10 基本情况分析

6. 行业 Q10 基本情况分析

对于行业分类,在属于服务型产业的企业中,认为企业所在地的政府创业孵化服务非常满意的有 2 名员工,比较满意的有 10 名员工,一般的有 19 名员工,比较不满意的有 5 名员工,非常不满意的有 4 名员工;在属于高新技术产业的企业中,认为企业所在地的政府创业孵化服务非常满意的有 3 名员工,比较满意的有 18 名员工,一般的有 36 名员工,比较不满意的有 8 名员工,非常不满意的有 6 名员工;在属于其他产业的企业中,认为企业所在地的政府创业孵化服务非常满意的有 8 名员工,比较满意的有 26 名员工,一般的有 56 名员工,比较不满意的有 10 名员工,非常不满意的有 3 名员工,如图 3-58 所示。可以看出,对行业的不同划分中,以选项"一般"为分界线,认为满意的个体基数明显大于不满意个体的基数。

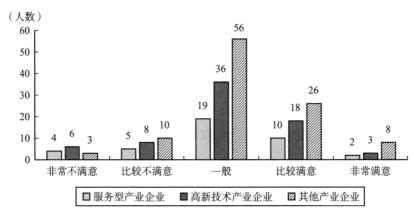

图 3-58 行业 Q10 基本情况分析

3.3.8 Q11 基本情况分析

Q11 在问卷中的完整题项为"您对您企业所在地提供的知识产权管理与公共服务的满意程度"。按照答题的基本情况来看,认为企业所在地提供的知识产权管理与公共服务非常满意的占比 7%，比较满意的占比 31%，一般的占比 50%，比较不满意的占比 8%，非常不满意的占比 4%，如图 3 - 59 所示。因此可以看出，被调查者对于企业所在地提供的知识产权管理与公共服务是比较满意的。

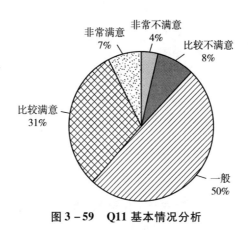

图 3 - 59　Q11 基本情况分析

1. 学历 Q11 基本情况分析

对于学历分类，在本科学历员工中，认为企业所在地提供的知识产权管理与公共服务非常满意的有 12 名员工，比较满意的有 29 名员工，一般的有 49 名员工，比较不满意的有 9 名员工，非常不满意的有 1 名员工；在硕士及以上学历员工中，没有员工认为企业所在地的政府创业孵化服务非常满意，比较满意的有 27 名员工，一般的有 51 名员工，比较不满意的有 9 名员工，非常不满意的有 7 名员工，如图 3 - 60 所示。可以看出，在学历的不同划分中，以选项"一般"为分界线，本科学历和硕士及以上的员工中认为满意的个体基数明显大于不满意个体的基数。

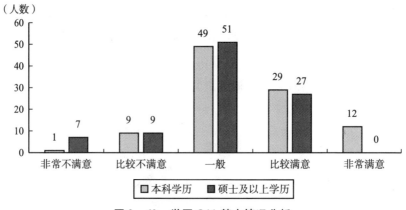

图 3-60　学历 Q11 基本情况分析

2. 企业类型 Q11 基本情况分析

对于企业类型分类，在国有企业员工中，认为企业所在地提供的知识产权管理与公共服务非常不满意的有 7 位员工，8 位员工比较不满意，69 位员工一般，37 位员工比较满意，10 位员工非常满意；在民营企业中，1 位员工非常不满意，7 位员工比较不满意，31 位员工一般，22 位员工比较满意，5 位员工非常满意，如图 3-61 所示。在企业类型层面可以看出，整体上国有企业更加肯定企业所在地提供的知识产权管理与公共服务。

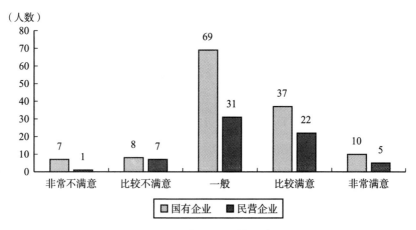

图 3-61　企业类型 Q11 基本情况分析

3. 企业员工数量 Q11 基本情况分析

对于企业员工数量划分，在 50 人及以下的企业中，认为企业所在地提供的知识产权管理与公共服务非常不满意的有 3 位员工，6 位员工比较不满意，30 位员工一般，11 位员工比较满意，2 位员工非常满意；在 51 ~ 300 人的企业中，1 位员工非常不满意，5 位员工比较不满意，29 位员工一般，21 位员工比较满意，6 位员工非常满意；在 301 ~ 1 000 人的企业中，1 位员工非常不满意，3 位员工比较不满意，14 位员工一般，11 位员工比较满意，1 位员工非常满意；在 1 000 人以上的企业中，3 位员工非常不满意，4 位员工比较不满意，33 位员工一般，23 位员工比较满意，7 位员工非常满意，如图 3 - 62 所示。从整体上来看，员工数量在 1 000 位以上的企业的员工对企业所在地提供的知识产权管理与公共服务满意程度较高。

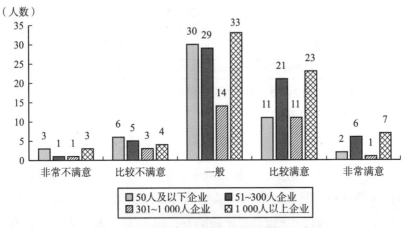

图 3 - 62　企业员工数量 Q11 基本情况分析

4. 企业注册时间 Q11 基本情况分析

对于企业注册时间的划分，在注册时间 5 年以下的企业中，认为企业所在地提供的知识产权管理与公共服务非常不满意的有 1 位员工，6 位员工比较不满意，25 位员工一般，12 位员工比较满意，3 位员工非常满意；

在注册时间为 5~10 年的企业中，2 位员工非常不满意，6 位员工比较不满意，30 位员工一般，18 位员工比较满意，4 位员工非常满意；在注册时间 10 年以上的企业中，5 位员工非常不满意，6 位员工比较不满意，51 位员工一般，36 位员工比较满意，9 位员工非常满意，如图 3－63 所示。从整体上来看，企业注册时间的长短与企业所在地提供的知识产权管理与公共服务的满意程度没有多少影响，满意的个体的基数始终大于不满意个体的基数。

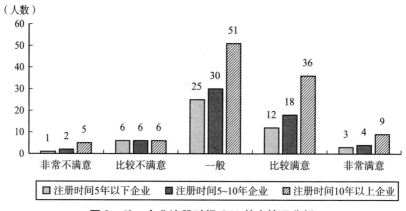

图 3－63　企业注册时间 Q11 基本情况分析

5. 企业所在地 Q11 基本情况分析

对于企业所在地划分，在省会城市的企业中，认为企业所在地提供的知识产权管理与公共服务非常不满意的有 5 位员工，12 位员工比较不满意，76 位员工一般，52 位员工比较满意，14 位员工非常满意；在非省会城市的企业中，3 位员工非常不满意，6 位员工比较不满意，30 位员工一般，14 位员工比较满意，2 位员工非常满意，如图 3－64 所示。从整体上来看，企业所在地与企业所在地提供的知识产权管理与公共服务的满意程度的影响不显著，认为比较满意的省会城市企业的个体基数明显大于非省会城市的个体基数。

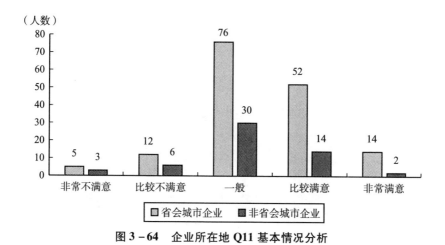

图 3 – 64　企业所在地 Q11 基本情况分析

6. 行业 Q11 基本情况分析

对于行业分类，在属于服务型产业的企业中，认为企业所在地提供的知识产权管理与公共服务非常满意的有 3 名员工，比较满意的有 12 名员工，一般的有 18 名员工，比较不满意的有 4 名员工，非常不满意的有 3 名员工；在属于高新技术产业的企业中，认为企业所在地提供的知识产权管理与公共服务非常满意的有 4 名员工，比较满意的有 19 名员工，一般的有 39 名员工，比较不满意的有 5 名员工，非常不满意的有 4 名员工；在属于其他产业的企业中，认为企业所在地提供的知识产权管理与公共服务非常满意的有 9 名员工，比较满意的有 35 名员工，一般的有 49 名员工，比较不满意的有 9 名员工，非常不满意的有 1 名员工，如图 3 – 65 所示。可以看出，对行业的不同划分中，以选项"一般"为分界线，认为满意的个体基数明显大于不满意个体的基数。

3.3.9　Q12 基本情况分析

Q12 在问卷中的完整题项为"您认为企业在企业所在地银行获得融资的成本（包括手续费、利息费用）的合理程度"。按照答题的基本情况来

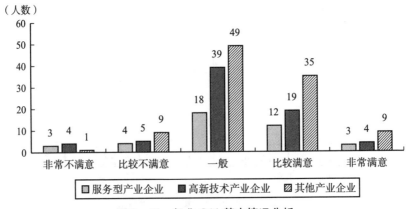

图3-65　行业Q11基本情况分析

看，认为企业在企业所在地银行获得融资的成本（包括手续费、利息费用）非常合理的占比7%，比较合理的占比38%，一般的占比44%，比较不合理的占比8%，非常不合理的占比3%，如图3-66所示。因此可以看出，被调查者认为企业在企业所在地银行获得融资的成本（包括手续费、利息费用）是比较合理的。

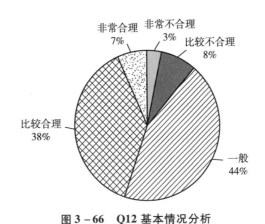

图3-66　Q12基本情况分析

1. 学历Q12答题基本情况

对于学历分类，在本科学历员工中，认为企业所在地银行获得融资的成本（包括手续费、利息费用）非常合理的有 11 名员工，比较合理的有 37 名员工，一般的有 45 名员工，比较不合理的有 6 名员工，非常不合理的有 1 名员工；在硕士及以上学历员工中，认为企业所在地银行获得融资的成本（包括手续费、利息费用）非常合理的有 2 名员工，比较合理的有 34 名员工，一般的有 43 名员工，比较不合理的有 9 名员工，非常不合理的有 6 名员工，如图 3 - 67 所示。可以看出，在学历的不同划分中，以选项"一般"为分界线，本科学历和硕士及以上学历的员工中认为合理的个体基数明显大于不合理个体的基数。

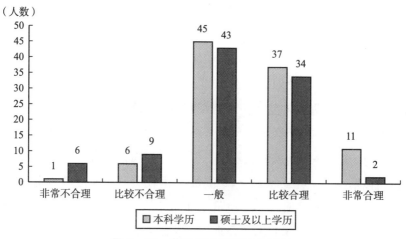

图 3 - 67　学历 Q12 答题基本情况

2. 企业类型 Q12 基本情况分析

对于企业类型分类，在国有企业员工中，认为企业所在地银行获得融资的成本（包括手续费、利息费用）非常不合理的有 4 位员工，9 位员工比较不合理，50 位员工一般，56 位员工比较合理，12 位员工非常合理；在民营企业中，3 位员工非常不合理，7 位员工比较不合理，34 位员工一般，21 位员工比较合理，1 位员工非常合理，如图 3 - 68 所示。在企业类型层面可以看出，整体上国有企业更加满意企业所在地银行获得融资的成本（包括手续费、利息费用）。

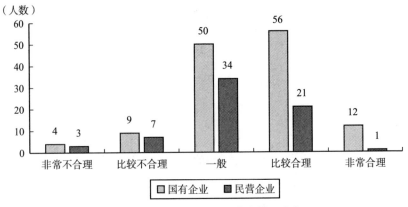

图 3 - 68　企业类型 Q12 基本情况分析

3. 企业员工数量 Q12 基本情况分析

对于企业员工数量划分，在 50 人及以下的企业中，认为企业所在地银行获得融资的成本（包括手续费、利息费用）非常不合理的有 3 位员工，7 位员工比较不合理，26 位员工一般，15 位员工比较合理，1 位员工非常合理；在 51～300 人的企业中，没有员工认为非常不合理，4 位员工比较不合理，33 位员工一般，22 位员工比较合理，3 位员工非常合理；在 301～1 000 人的企业中，3 位员工非常不合理，1 位员工比较不合理，7 位员工一般，17 位员工比较合理，2 位员工非常合理；在 1 000 人以上的企业中，1 位员工非常不合理，5 位员工比较不合理，28 位员工一般，28 位员工比较合理，8 位员工非常合理，如图 3 - 69 所示。从整体上来看，员工数量在 1 000 人以上的企业的员工认为企业所在地银行获得融资的成本（包括手续费、利息费用）合理程度较高。

4. 企业注册时间 Q12 基本情况分析

对于企业注册时间的划分，在注册时间 5 年以下的企业中，认为企业所在地银行获得融资的成本（包括手续费、利息费用）非常不合理的有 2 位员工，4 位员工比较不合理，26 位员工一般，14 位员工比较合理，1 位员工非常合理；在注册时间为 5～10 年的企业中，1 位员工非常不合理，

（人数）

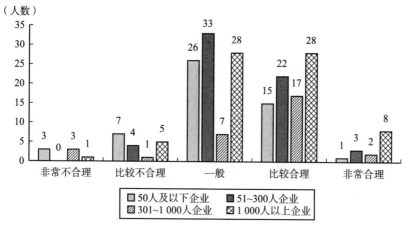

图 3 – 69　企业员工数量 Q12 基本情况分析

7 位员工比较不合理，24 位员工一般，26 位员工比较合理，2 位员工非常合理；在注册时间 10 年以上的企业中，4 位员工非常不合理，6 位员工比较不合理，44 位员工一般，42 位员工比较合理，11 位员工非常合理，如图 3 – 70 所示。从整体上来看，企业注册时间的长短与企业所在地银行获得融资的成本（包括手续费、利息费用）的合理程度没有多少影响，合理的个体的基数始终大于不合理个体的基数。

（人数）

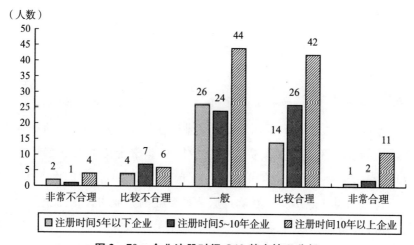

图 3 – 70　企业注册时间 Q12 基本情况分析

5. 企业所在地 Q12 基本情况分析

对于企业所在地划分，在省会城市的企业中，认为企业所在地银行获得融资的成本（包括手续费、利息费用）非常不合理的有 6 位员工，10 位员工比较不合理，66 位员工一般，66 位员工比较合理，11 位员工非常合理；在非省会城市的企业中，1 位员工非常不合理，7 位员工比较不合理，28 位员工一般，16 位员工比较合理，3 位员工非常合理，如图 3 - 71 所示。从整体上来看，企业所在地与企业所在地银行获得融资的成本（包括手续费、利息费用）的合理程度的影响不显著，认为比较合理的省会城市企业的个体基数明显大于非省会城市的个体基数。

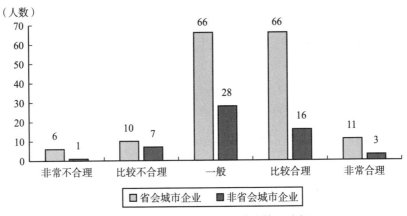

图 3 - 71　企业所在地 Q12 基本情况分析

6. 产业类型 Q12 基本情况分析

对于行业分类，在属于高新技术产业的企业中，认为企业所在地银行获得融资的成本（包括手续费、利息费用）非常合理的有 5 名员工，比较合理的有 29 名员工，一般的有 29 名员工，比较不合理的有 5 名员工，非常不合理的有 3 名员工；在属于服务型产业的企业中，认为企业所在地银行获得融资的成本（包括手续费、利息费用）非常合理的有 1 名员工，比较合理的有 13 名员工，一般的有 23 名员工，比较不合理的有 2 名员工，非常不合理的有 1 名员工；在属于其他产业的企业中，认为企业所在地银行获得融资的成本（包括手续费、利息费用）非常合理的有 8 名员工，比较合理的有 40 名员工，一般的有 42 名员工，比较不合理的有 10 名员工，非常不合理的有 3 名员工，如图 3 - 72 所示。可以看出，对行业的不同划分中，以选项"一般"为分界线，认为合理的个体基数明显大于不合理个体的基数。

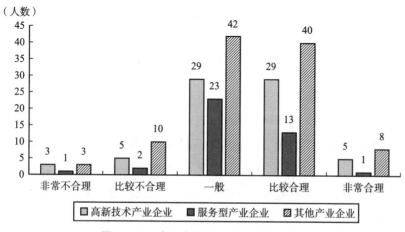

图 3 - 72　产业类型 Q12 基本情况分析

3.3.10　Q13 基本情况分析

Q13 在问卷中的完整题项为"您认为企业所在地融资渠道多元化程度"。按照答题的基本情况来看，认为企业所在地融资渠道多元化程度非常合理的占比 6%，比较合理的占比 22%，一般的占比 51%，比较不合理的占比 15%，非常不合理的占比 6%，如图 3 - 73 所示。因此可以看出，被调查者认为企业所在地融资渠道多元化程度是比较合埋的。

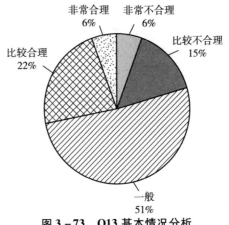

图 3 - 73 Q13 基本情况分析

1. 学历 Q13 基本情况

对于学历分类，在本科学历员工中，认为企业所在地融资渠道多元化程度非常合理的有 7 名员工，比较合理的有 23 名员工，一般的有 51 名员工，比较不合理的有 15 名员工，非常不合理的有 4 名员工；在硕士及以上学历员工中，认为企业所在地融资渠道多元化程度非常合理的有 3 名员工，比较合理的有 16 名员工，一般的有 52 名员工，比较不合理的有 16 名员工，非常不合理的有 7 名员工，如图 3 - 74 所示。可以看出，在学历的不同划分中，以选项"一般"为分界线，本科学历的员工中认为合理的个体基数明显大于硕士及以上认为合理个体的基数。

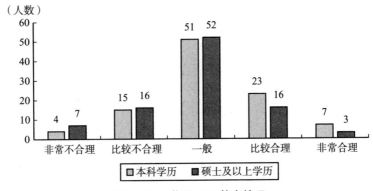

图 3 - 74 学历 Q13 基本情况

2. 企业类型 Q13 答题基本情况

对于企业类型分类，在国有企业员工中，认为企业所在地融资渠道多元化程度非常不合理的有 8 位员工，17 位员工比较不合理，73 位员工一般，23 位员工比较合理，10 位员工非常合理；在民营企业中，4 位员工非常不合理，12 位员工比较不合理，30 位员工一般，19 位员工比较合理，1 位员工非常合理，如图 3 - 75 所示。在企业类型层面可以看出，整体上国有企业更加满意企业所在地融资渠道多元化程度。

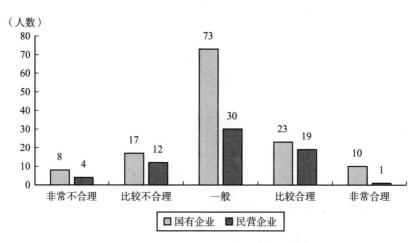

图 3 - 75　企业类型 Q13 答题基本情况

3. 企业员工数量 Q13 基本情况

对于企业员工数量划分，在 50 人及以下的企业中，认为企业所在地融资渠道多元化程度非常不合理的有 4 位员工，14 位员工比较不合理，24 位员工一般，9 位员工比较合理，1 位员工非常合理；在 51 ~ 300 人的企业中，1 位员工非常不合理，10 位员工比较不合理，32 位员工一般，17 位员工比较合理，2 位员工非常合理；在 301 ~ 1 000 人的企业中，2 位员工非常不合理，4 位员工比较不合理，14 位员工一般，9 位员工比较合理，1 位员工非常合理；在 1 000 人以上的企业中，5 位员工非常不合理，

4 位员工比较不合理，40 位员工一般，13 位员工比较合理，8 位员工非常合理，如图 3 - 76 所示。从整体上来看，员工数量在 1 000 人以上的企业的员工认为企业所在地融资渠道多元化程度合理程度较高。

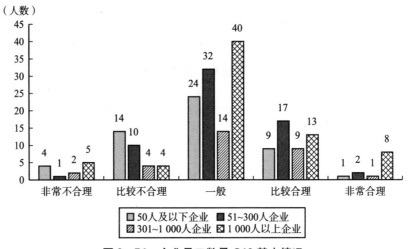

图 3 - 76　企业员工数量 Q13 基本情况

4. 企业注册时间 Q13 基本情况

对于企业注册时间的划分，在注册时间 5 年以下的企业中，认为企业所在地融资渠道多元化程度非常不合理的有 4 位员工，11 位员工比较不合理，19 位员工一般，12 位员工比较合理，1 位员工非常合理；在注册时间为 5 ~ 10 年的企业中，3 位员工非常不合理，13 位员工比较不合理，30 位员工一般，13 位员工认为比较合理，1 位员工非常合理；在注册时间 10 年以上的企业中，5 位员工非常不合理，8 位员工比较不合理，61 位员工一般，23 位员工比较合理，10 位员工非常合理，如图 3 - 77 所示。从整体上来看，企业注册时间的长短与企业所在地融资渠道多元化程度的合理程度没有多少影响，合理的个体的基数始终大于不合理个体的基数。

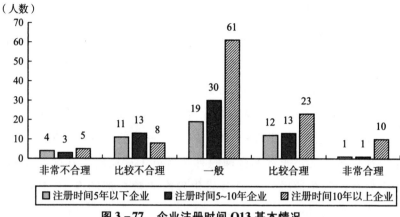

图 3 - 77 企业注册时间 Q13 基本情况

5. 企业所在地 Q13 基本情况分析

对于企业所在地划分, 在省会城市的企业中, 认为企业所在地融资渠道多元化程度非常不合理的有 8 位员工, 21 位员工比较不合理, 84 位员工一般, 36 位员工比较合理, 10 位员工非常合理; 在非省会城市的企业中, 4 位员工非常不合理, 11 位员工比较不合理, 26 位员工一般, 12 位员工认为比较合理, 2 位员工非常合理, 如图 3 - 78 所示。从整体上来看, 企业所在地划分与企业所在地融资渠道多元化程度的合理程度的影响不显著, 认为比较合理的省会城市企业的个体基数明显大于非省会城市的个体基数。

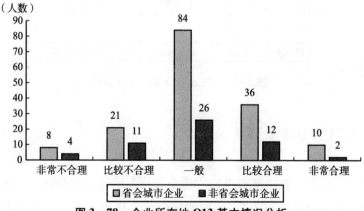

图 3 - 78 企业所在地 Q13 基本情况分析

6. 行业 Q13 基本情况分析

对于行业分类，在属于服务型产业的企业中，认为企业所在地融资渠道多元化程度非常合理的有 1 名员工，比较合理的有 7 名员工，一般的有 20 名员工，比较不合理的有 10 名员工，非常不合理的有 2 名员工；在属于高新技术产业的企业中，认为企业所在地融资渠道多元化程度非常合理的有 1 名员工，比较合理的有 19 名员工，一般的有 38 名员工，比较不合理的有 9 名员工，非常不合理的有 4 名员工；在属于其他产业的企业中，认为企业所在地融资渠道多元化程度非常合理的有 10 名员工，比较合理的有 22 名员工，一般的有 52 名员工，比较不合理的有 13 名员工，非常不合理的有 6 名员工，如图 3 – 79 所示。可以看出，对行业的不同划分中，以选项“一般”为分界线，认为合理的个体基数明显大于不合理个体的基数。

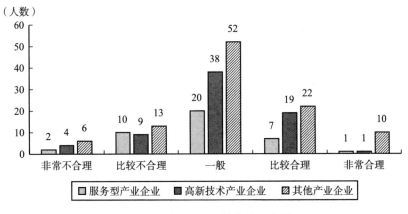

图 3 – 79　行业 Q13 基本情况分析

3.3.11　Q15 基本情况分析

Q15 在问卷中的完整题项为“您企业所在地政府的税收、用地等优惠政策对企业入驻的吸引力”。按照答题的基本情况来看，认为企业所在地政府的税收、用地等优惠政策对企业入驻的吸引力非常强的占比 9%，比较强的占比 27%，一般的占比 52%，比较弱的占比 9%，非常弱的占比 3%，如图 3-80 所示。因此可以看出，被调查者认为企业所在地政府的税收、用地等优惠政策对企业入驻的吸引力是比较强的。

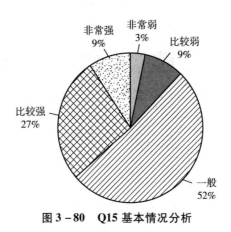

图 3-80　Q15 基本情况分析

1. 学历 Q15 答题基本情况

对于学历分类，在本科学历员工中，认为企业所在地政府的税收、用地等优惠政策对企业入驻的吸引力非常强的有 12 名员工，比较强的有 25 名员工，一般的有 49 名员工，比较弱的有 10 名员工，非常弱的有 4 名员工；在硕士及以上学历员工中，认为企业所在地政府的税收、用地等优惠政策对企业入驻的吸引力非常强的有 4 名员工，比较强的有 24 名员工，一般的有 54 名员工，比较弱的有 9 名员工，非常弱的有 3 名员工，如图 3-81 所示。可以看出，在学历的不同划分中，以选项"一般"为分界线，本科学历和硕士及以上学历员工中认为强的个体基数明显大于认为弱的个体基数。

2. 企业类型 Q15 基本情况分析

对于企业类型分类，在国有企业员工中，认为企业所在地政府的税收、用地等优惠政策对企业入驻的吸引力非常弱的有 5 位员工，6 位员工

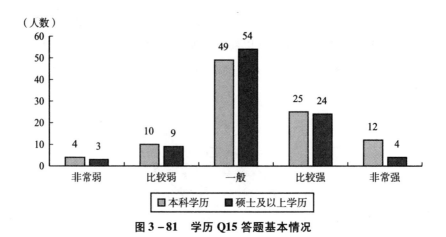

图 3-81 学历 Q15 答题基本情况

比较弱，70 位员工一般，39 位员工比较强，11 位员工非常强；在民营企业中，2 位员工非常弱，9 位员工比较弱，34 位员工一般，14 位员工比较强，7 位员工非常强，如图 3-82 所示。在企业类型层面可以看出，整体上国有企业更加认可企业所在地政府的税收、用地等优惠政策对企业入驻的吸引力。

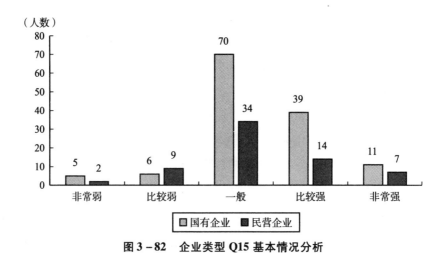

图 3-82 企业类型 Q15 基本情况分析

3. 企业员工数量 Q15 基本情况分析

对于企业员工数量划分，在 50 人及以下的企业中，认为企业所在地政府的税收、用地等优惠政策对企业入驻的吸引力非常弱的有 3 位员工，6 位员工比较弱，27 位员工一般，10 位员工比较强，6 位员工非常强；在 51 ~ 300 人的企业中，0 位员工非常弱，7 位员工比较弱，35 位员工一般，17 位员工比较强，3 位员工非常强；在 301 ~ 1 000 人的企业中，没有员工认为非常弱，3 位员工比较弱，13 位员工一般，11 位员工比较强，3 位员工非常强；在 1 000 人以上的企业中，4 位员工非常弱，3 位员工比较弱，35 位员工一般，20 位员工比较强，8 位员工非常强，如图 3 - 83 所示。从整体上来看，员工数量在 1 000 人以上的企业的员工更加认可企业所在地政府的税收、用地等优惠政策对企业入驻的吸引力。

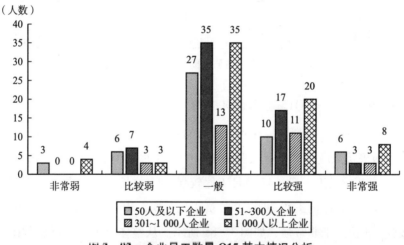

图 3 - 83　企业员工数量 Q15 基本情况分析

4. 企业注册时间 Q15 基本情况分析

对于企业注册时间的划分，在注册时间 5 年以下的企业中，认为企业所在地政府的税收、用地等优惠政策对企业入驻的吸引力非常弱的有 2 位员工，8 位员工比较弱，23 位员工一般，12 位员工比较强，2 位员工非常强；在注册时间为 5 ~ 10 年的企业中，3 位员工非常弱，5 位员工比较弱，

31 位员工一般，14 位员工比较强，7 位员工非常强；在注册时间 10 年以上的企业中，2 位员工非常弱，6 位员工比较弱，56 位员工一般，32 位员工比较强，11 位员工非常强，如图 3 - 84 所示。从整体上来看，企业注册时间的长短与企业所在地政府的税收、用地等优惠政策对企业入驻的吸引力没有多少影响，认为强的个体的基数始终大于认为弱的个体的基数。

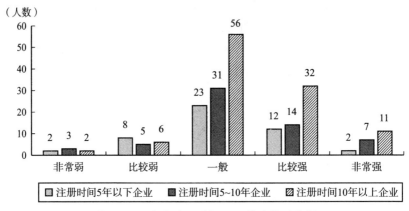

图 3 - 84　企业注册时间 Q15 基本情况分析

5. 企业所在地 Q15 基本情况分析

对于企业所在地划分，在省会城市的企业中，认为企业所在地政府的税收、用地等优惠政策对企业入驻的吸引力非常弱的有 5 位员工，10 位员工比较弱，80 位员工一般，47 位员工比较强，17 位员工非常强；在非省会城市的企业中，2 位员工非常弱，9 位员工比较弱，30 位员工一般，11 位员工比较强，3 位员工非常强，如图 3 - 85 所示。从整体上来看，企业所在地划分与企业所在地政府的税收、用地等优惠政策对企业入驻的吸引力影响不显著，认为比较强的省会城市企业的个体基数明显大于非省会城市的个体基数。

6. 行业 Q15 基本情况分析

对于行业分类，在属于服务型产业的企业中，认为企业所在地政府的税收、用地等优惠政策对企业入驻的吸引力非常强的有 2 名员工，比较强的有 9 名员工，一般的有 23 名员工，比较弱的有 5 名员工，非常弱的有 1

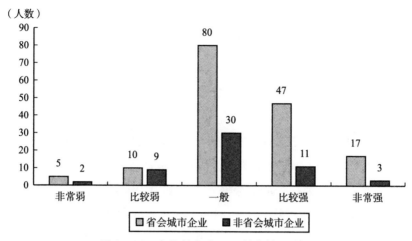

图 3 – 85　企业所在地 Q15 基本情况分析

名员工；在属于高新技术产业的企业中，认为企业所在地政府的税收、用地等优惠政策对企业入驻的吸引力非常强的有 5 名员工，比较强的有 16 名员工，一般的有 41 名员工，比较弱的有 8 名员工，非常弱的有 1 名员工；在属于其他产业的企业中，认为企业所在地政府的税收、用地等优惠政策对企业入驻的吸引力非常强的有 13 名员工，比较强的有 33 名员工，一般的有 46 名员工，比较弱的有 6 名员工，非常弱的有 5 名员工，如图 3 – 86 所示。

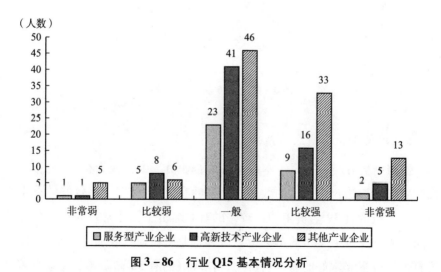

图 3 – 86　行业 Q15 基本情况分析

可以看出，对行业的不同划分中，以选项"一般"为分界线，认为强的个体基数明显大于弱个体的基数。

3.3.12　Q16 基本情况分析

Q16 在问卷中的完整题项为"您企业所在地行政部门对市场违法行为打击的效果"。按照答题的基本情况来看，被调查者认为企业所在地行政部门对市场违法行为打击的效果非常好的占比 9%，比较好的占比 37%，一般的占比 43%，比较差的占比 10%，非常差的占比 1%，如图 3-87 所示。可以看出，被调查者对于企业所在地行政部门对市场违法行为打击的效果持相对满意的看法。

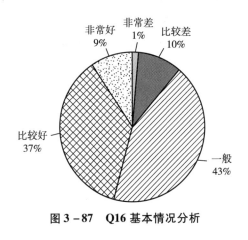

图 3-87　Q16 基本情况分析

1. 学历 Q16 答题基本情况

按照学历分类，在属于本科学历的企业员工中，认为企业所在地行政部门对市场违法行为打击的效果非常好的有 11 名员工，比较好的有 43 名员工，一般的有 39 名员工，比较差的有 6 名员工，非常差的有 1 名员工；在属于硕士及以上学历的员工中，认为企业所在地行政部门对市场违法行为打击的效果非常好的有 3 名员工，比较好的有 30 名员工，一般的有 45

名员工，比较差的有 14 名员工，非常差的有 2 名员工，如图 3 - 88 所示。可以看出，不管被调查者的学历是本科或者硕士及以上，对企业所在地行政部门对市场违法行为打击的效果都基本持肯定的看法。

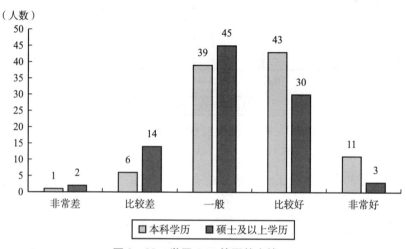

（人数）

图 3 - 88　学历 Q16 答题基本情况

2. 企业类型 Q16 基本情况分析

按照答题的基本情况来看，国有企业中，认为企业所在地行政部门对市场违法行为打击的效果非常好的有 12 名员工，比较好的有 47 名员工，一般的有 61 名员工，比较差的有 9 名员工，非常差的有 2 名员工。民营企业中，认为企业所在地行政部门对市场违法行为打击的效果非常好的有 7 名员工，比较好的有 23 名员工，一般的有 26 名员工，比较差的有 9 名员工，非常差的有 1 名员工，如图 3 - 89 所示。可以看出，国有企业员工对于企业所在地行政部门对市场违法行为打击的效果整体比民营企业员工更满意。

3. 企业员工数量 Q16 基本情况分析

按照答题的基本情况来看，企业规模不一样，大家的答案也不尽相同。50 人及以下的企业，认为企业所在地行政部门对市场违法行为打击的

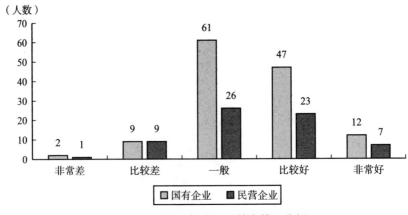

图 3 – 89　企业类型 Q16 基本情况分析

效果非常好的有 4 名员工，比较好的有 15 名员工，一般的有 27 名员工，比较差的有 4 名员工，非常差的有 2 名员工；51 ~ 300 人的企业中，认为企业所在地行政部门对市场违法行为打击的效果非常好的有 4 名员工，比较好的有 24 名，一般的有 26 名员工，比较差的有 8 名员工，没有员工认为非常差；301 ~ 1 000 人的企业中，认为企业所在地行政部门对市场违法行为打击的效果非常好的有 3 名员工，比较好的有 10 名，一般的有 15 名员工，比较差的有 2 名员工，没有员工认为非常差；1 000 人以上的企业中，认为企业所在地行政部门对市场违法行为打击的效果非常好的有 9 名员工，比较好的有 29 名，一般的有 24 名员工，比较差的有 7 名员工，非常差的有 1 名员工，如图 3 - 90 所示。可以看出，规模不同的企业员工对企业所在地行政部门对市场违法行为打击的效果的满意度都是一般偏上的。

4. 企业注册时间 Q16 基本情况分析

按照答题的基本情况来看，企业注册时间的长短，对员工关于企业所在地行政部门对市场违法行为打击的效果是有影响的。注册时间 5 年以下的企业，认为企业所在地行政部门对市场违法行为打击的效果非常好的有 3 名员工，比较好的有 14 名员工，一般的有 24 名员工，比较差的有 5 名员工，非常差的有 1 名员工；注册时间 5 ~ 10 年的企业中，认为企业所在

（人数）

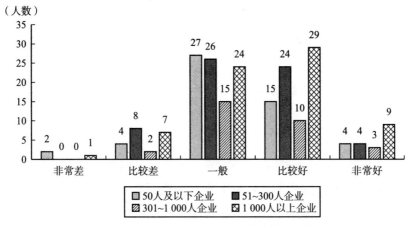

图 3 - 90　企业员工数量 Q16 基本情况分析

地行政部门对市场违法行为打击的效果非常好的有 4 名员工，比较好的有 21 名，一般的有 27 名员工，比较差的有 7 名员工，非常差的有 1 名员工；注册时间 10 年以上的企业中，认为企业所在地行政部门对市场违法行为打击的效果非常好的有 13 名员工，比较好的有 43 名，一般的有 41 名员工，比较差的有 9 名员工，非常差的有 1 名员工，如图 3 - 91 所示。可以看出，企业注册时间的长短，对员工关于企业所在地行政部门对市场违法行为打击的效果影响不显著，大部分员工都比较满意。

（人数）

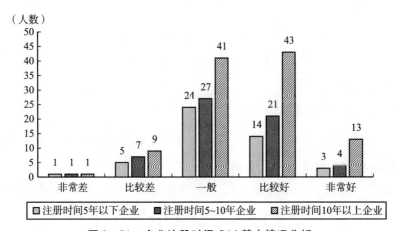

图 3 - 91　企业注册时间 Q16 基本情况分析

5. 企业所在地 Q16 基本情况分析

在省会城市的企业中，认为企业所在地行政部门对市场违法行为打击的效果非常好的有 19 名员工，比较好的有 54 名员工，一般的有 65 名员工，比较差的有 18 名员工，非常差的有 3 名员工；在非省会城市的企业中，认为企业所在地行政部门对市场违法行为打击的效果非常好的有 1 名员工，比较好的有 24 名，一般的有 27 名员工，比较差的有 3 人名员工，没有员工认为效果非常差，如图 3 - 92 所示。可以看出，企业所在地是否在省会城市，对员工关于企业所在地行政部门对市场违法行为打击的效果影响不显著，无论是否是省会城市的企业，大部分员工都比较满意。

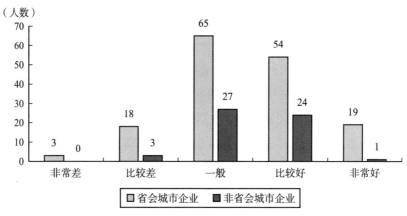

图 3 - 92 企业所在地 Q16 基本情况分析

6. 行业 Q16 基本情况分析

在属于高新技术产业的企业中，认为企业所在地行政部门对市场违法行为打击的效果非常好的有 3 名员工，比较好的有 27 名员工，一般的有 28 名员工，比较差的有 12 名员工，非常差的有 1 名员工；在属于服务型产业的企业中，认为企业所在地行政部门对市场违法行为打击的效果非常好的有 4 名员工，比较好的有 12 名，一般的有 22 名员工，比较差的有 1

名员工，非常差的有 1 名员工；在属于其他产业的企业中，认为企业所在地行政部门对市场违法行为打击的效果非常好的有 13 名员工，比较好的有 39 名员工，一般的有 42 名员工，比较差的有 8 名员工，非常差的有 1 名员工，如图 3 - 93 所示。可以看出，企业所处的产业不同，对员工关于企业所在地行政部门对市场违法行为打击的效果影响不显著，无论企业处于什么产业，大部分员工都比较满意。

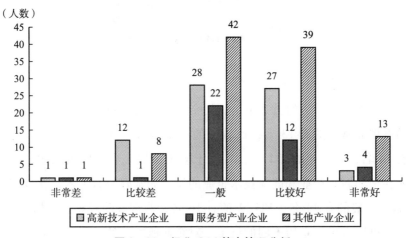

图 3 - 93　行业 Q16 基本情况分析

3.3.13　Q17 基本情况分析

Q17 在问卷中的完整题项为"您认为您企业所在地的新兴产业企业和高新技术产业企业的发展"。按照答题的基本情况来看，认为企业所在地的新兴产业和高新技术企业的发展非常好的占比 10%，比较好的占比 27%，一般的占比 45%，比较差的占比 15%，非常差的仅占比 3%，如图 3 - 94 所示。可以看出，被调查者对于企业所在地的新兴产业和高新技术企业的发展持相对满意的看法。

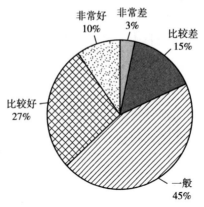

图 3 - 94　Q17 基本情况分析

1. 学历 Q17 基本情况分析

在属于本科学历的员工中，认为企业所在地的新兴产业和高新技术企业的发展非常好的有 13 名，比较好的有 24 名，一般的有 48 名，比较差的有 14 名，非常差的有 1 名；在属于硕士及以上学历的员工中，认为企业所在地的新兴产业和高新技术企业的发展非常好的有 1 名，比较好的有 27 名，一般的有 44 名，比较差的有 16 名，非常差的有 6 名，如图 3 - 95 所示。可以看出，学历不同的员工，对企业所在地的新兴产业和高新技术企业的发展持不同的看法。

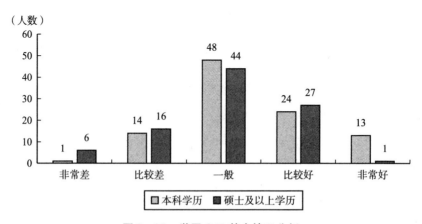

图 3 - 95　学历 Q17 基本情况分析

2. 企业类型 Q17 基本情况分析

在属于国有企业的员工中，认为企业所在地的新兴产业和高新技术企业的发展非常好的有 10 名，比较好的有 33 名，一般的有 66 名，比较差的有 16 名，非常差的有 6 名；在属于民营企业的员工中，认为企业所在地的新兴产业和高新技术企业的发展非常好的有 9 名，比较好的有 19 名，一般的有 24 名，比较差的有 13 名，非常差的有 1 名，如图 3 - 96 所示。可以看出，企业所处的类型不同，其员工对企业所在地的新兴产业和高新技术企业的发展基本持相同的看法。

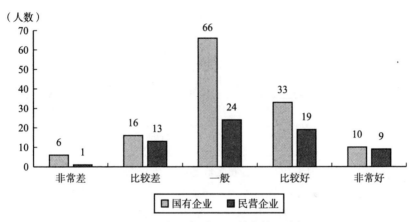

（人数）

图 3 - 96　企业类型 Q17 基本情况分析

3. 企业员工数量 Q17 基本情况分析

员工数量在 50 人及以下的企业中，认为企业所在地的新兴产业和高新技术企业的发展非常好的有 6 名员工，比较好的有 10 名员工，一般的有 22 名员工，比较差的有 10 名员工，非常差的有 4 名员工；员工数量在 51 ~ 300 人的企业中，认为企业所在地的新兴产业和高新技术企业的发展非常好的有 4 名员工，比较好的有 18 名员工，一般的有 32 名员工，比较差的有 8 名员工，没有员工认为非常差；员工数量在 301 ~ 1 000 人的企业中，认为企业所在地的新兴产业和高新技术企业的发展非常好的有 3 名员工，比较好的有 11 名员工，一般的有 9 名员工，比较差的有 7 名员工，没有员工认为非常差；员工数量在 1 000 人以上的企业中，认为企业所在地的新兴产业和高新技术企业的发展非常好的有 8 名员工，比较好的有 19 名员工，一般的有 33 名员工，比较差的有 7 名员工，非常差的有 3 名员工，如图 3 - 97 所示。可以看出，调查者所在的企业员工数量不同，对企业所在地的新兴产业和高新技术企业的发展基本持相同的看法。

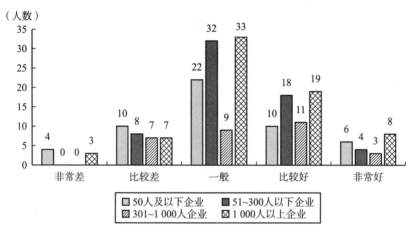

图 3 - 97　企业员工数量 Q17 基本情况分析

4. 企业注册时间 Q17 基本情况分析

注册时间在 5 年以下的企业中，认为企业所在地的新兴产业和高新技术企业的发展非常好的有 3 名员工，比较好的有 12 名员工，一般的有 22 名员工，比较差的有 9 名员工，非常差的有 1 名员工；注册时间在 5 ~ 10 年的企业中，认为企业所在地的新兴产业和高新技术企业的发展非常好的有 6 名员工，比较好的有 19 名员工，一般的有 23 名员工，比较差的有 10 名员工，非常差的有 2 名员工；注册时间在 10 年以上的企业中，认为企业所在地的新兴产业和高新技术企业的发展非常好的有 12 名员工，比较好的有 27 名员工，一般的有 51 名员工，比较差的有 13 名员工，非常差的有 4 名员工，如图 3 - 98 所示。可以看出，调查者所在的企业注册时间不同，对企业所在地的新兴产业和高新技术企业的发展基本持相同的看法。

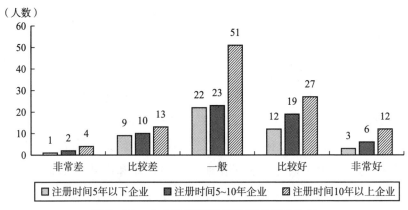

图 3 – 98　企业注册时间 Q17 基本情况分析

5. 企业所在地 Q17 基本情况分析

在属于省会城市的企业中，认为企业所在地的新兴产业和高新技术企业的发展非常好的有 20 名员工，比较好的有 44 名员工，一般的有 75 名员工，比较差的有 17 名员工，非常差的有 3 名员工；在属于非省会城市的企业中，认为企业所在地的新兴产业和高新技术企业的发展非常好的有 1 名员工，比较好的有 14 名员工，一般的有 21 名员工，比较差的有 15 名员工，非常差的有 4 名员工，如图 3 – 99 所示。可以看出，不管调查者所

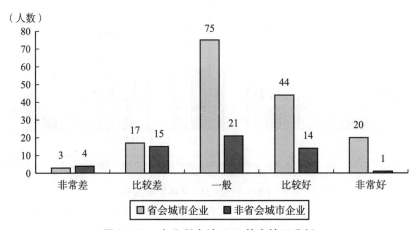

图 3 – 99　企业所在地 Q17 基本情况分析

在的企业是否位于省会城市，对企业所在地的新兴产业和高新技术企业的发展都基本持相同的看法。

6. 行业 Q17 基本情况分析

在属于高新技术产业的企业中，认为企业所在地的新兴产业和高新技术企业的发展非常好的有 4 名员工，比较好的有 19 名员工，一般的有 37 名员工，比较差的有 9 名员工，非常差的有 2 名员工；在属于服务型产业的企业中，认为企业所在地的新兴产业和高新技术企业的发展非常好的有 4 名员工，比较好的有 9 名员工，一般的有 18 名员工，比较差的有 6 名员工，非常差的有 3 名员工；在属于其他产业的企业中，认为企业所在地的新兴产业和高新技术企业的发展非常好的有 13 名员工，比较好的有 30 名员工，一般的有 41 名员工，比较差的有 17 名员工，非常差的有 2 名员工，如图 3 - 100 所示。可以看出，不管调查者所在的企业属于哪一类产业，对企业所在地的新兴产业和高新技术企业的发展都基本持相同的看法。

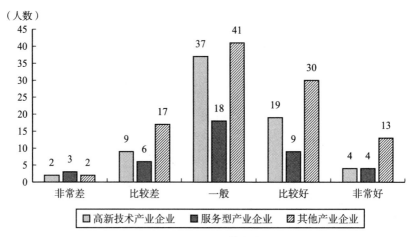

图 3 - 100　行业 Q17 基本情况分析

3.3.14　Q18 基本情况分析

Q18 在问卷中的完整题项为"您企业所在地鼓励创新、宽容失败的社会氛围"。按照答题的基本情况来看，被调查者认为企业所在地鼓励创新、宽容失败的社会氛围非常好的占比 8%，比较好的占比 27%，一般的占比 49%，比较差的占比 14%，非常差的占比 2%，如图 3 - 101 所示。可以看出，被调查者对于企业所在地鼓励创新、宽容失败的社会氛围持相对肯定的看法。

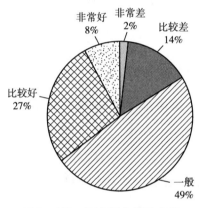

图 3 - 101　Q18 基本情况分析

1. 学历 Q18 答题基本情况

按照学历分类，在属于本科学历的企业员工中，认为企业所在地鼓励创新、宽容失败的社会氛围非常好的有 12 名员工，比较好的有 26 名员工，一般的有 48 名员工，比较差的有 12 名员工，非常差的有 2 名员工；在属于硕士及以上学历的员工中，认为企业所在地鼓励创新、宽容失败的社会氛围非常好的有 2 名员工，比较好的有 22 名员工，一般的有 50 名员工，比较差的有 18 名员工，非常差的有 2 名员工，如图 3 - 102 所示。可以看出，不管被调查者的学历是本科或者硕士及以上，对企业所在地鼓励创新、宽容失败的社会氛围都基本持肯定的看法。

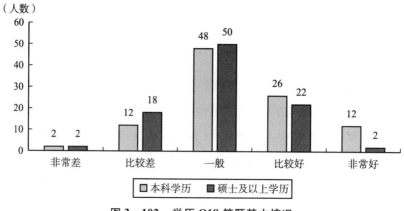

（人数）

图 3 - 102　学历 Q18 答题基本情况

2. 企业类型 Q18 基本情况分析

按照企业类型分类，在属于国有企业的员工中，认为企业所在地鼓励创新、宽容失败的社会氛围非常好的有 12 名员工，比较好的有 29 名员工，一般的有 69 名员工，比较差的有 18 名员工，非常差的有 3 名员工；在属于民营企业的员工中，认为企业所在地鼓励创新、宽容失败的社会氛围非常好的有 3 名员工，比较好的有 23 名员工，一般的有 28 名员工，比较差的有 11 名员工，非常差的有 1 名员工，如图 3 - 103 所示。可以看出，不管被调查者是在国有企业还是民营企业，对企业所在地鼓励创新、宽容失败的社会氛围都基本持肯定的看法。

3. 企业员工数量 Q18 基本情况分析

按照企业员工数量分类，在员工数量为 50 人及以下的企业中，认为企业所在地鼓励创新、宽容失败的社会氛围非常好的有 5 名员工，比较好的有 11 名员工，一般的有 24 名员工，比较差的有 10 名员工，非常差的有 2 名员工；在员工数量为 51～300 人的企业中，认为企业所在地鼓励创新、宽容失败的社会氛围非常好的有 2 名员工，比较好的有 20 名员工，一般的有 32 名员工，比较差的有 8 名员工，没有员工认为非常差；在员工数量为 301～1 000 人的企业中，认为企业所在地鼓励创新、宽容失败

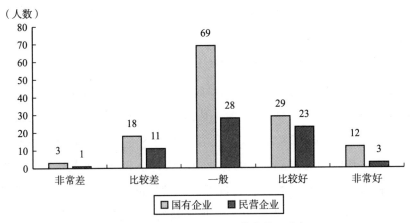

图 3 - 103   企业类型 Q18 基本情况分析

的社会氛围非常好的有 2 名员工，比较好的有 9 名员工，一般的有 14 名员工，比较差的有 5 名员工，没有员工认为非常差；在员工数量为 1 000 人以上的企业中，认为企业所在地鼓励创新、宽容失败的社会氛围非常好的有 8 名员工，比较好的有 18 名员工，一般的有 34 名员工，比较差的有 8 名员工，非常差的有 2 名员工，如图 3 - 104 所示。可以看出，不管被调查者

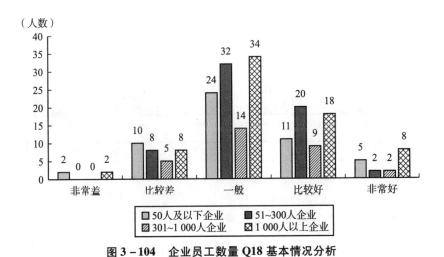

图 3 - 104   企业员工数量 Q18 基本情况分析

所在的企业规模如何，对企业所在地鼓励创新、宽容失败的社会氛围都基本持肯定的看法。

4. 企业注册时间 Q18 基本情况分析

按照企业注册时间分类，在注册时间 5 年以下的企业中，认为企业所在地鼓励创新、宽容失败的社会氛围非常好的有 2 名员工，比较好的有 12 名员工，一般的有 24 名员工，比较差的有 8 名员工，非常差的有 1 名员工；在注册时间为 5～10 年的企业中，认为企业所在地鼓励创新、宽容失败的社会氛围非常好的有 5 名员工，比较好的有 20 名员工，一般的有 26 名员工，比较差的有 7 名员工，非常差的有 2 名员工；在注册时间为 10 年以上的企业中，认为企业所在地鼓励创新、宽容失败的社会氛围非常好的有 10 名员工，比较好的有 26 名员工，一般的有 54 名员工，比较差的有 16 名员工，非常差的有 1 名员工，如图 3－105 所示。可以看出，不管被调查者所在的企业注册时间长短，对企业所在地鼓励创新、宽容失败的社会氛围都基本持肯定的看法。

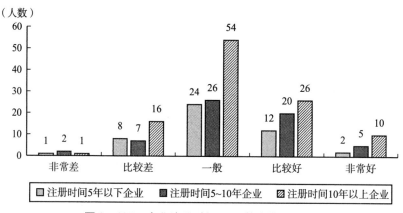

图 3－105　企业注册时间 Q18 基本情况分析

5. 企业所在地 Q18 基本情况分析

按照企业所在地分类，在企业所在地属于省会城市的企业中，认为企业所在地鼓励创新、宽容失败的社会氛围非常好的有 16 名员工，比较好

的有 43 名员工，一般的有 80 名员工，比较差的有 16 名员工，非常差的
有 4 名员工；在企业所在地属于非省会城市的企业中，认为企业所在地鼓
励创新、宽容失败的社会氛围非常好的有 1 名员工，比较好的有 15 名员
工，一般的有 24 名员工，比较差的有 15 名员工，没有员工认为非常差，
如图 3 – 106 所示。可以看出，不管被调查者所在的企业是否是省会城市，
对企业所在地鼓励创新、宽容失败的社会氛围都基本持肯定的看法。

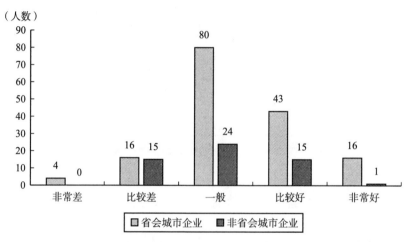

图 3 – 106　企业所在地 Q18 基本情况分析

6. 行业 Q18 基本情况分析

按照企业所属行业分类，在属于高新技术产业的企业中，认为企业所在
地鼓励创新、宽容失败的社会氛围非常好的有 4 名员工，比较好的有 16 名
员工，一般的有 43 名员工，比较差的有 8 名员工，没有员工认为非常差；
在属于服务型产业的企业中，认为企业所在地鼓励创新、宽容失败的社会氛
围非常好的有 1 名员工，比较好的有 10 名员工，一般的有 21 名员工，比较
差的有 6 名员工，非常差的有 2 名员工；在属于其他产业的企业中，认为企
业所在地鼓励创新、宽容失败的社会氛围非常好的有 12 名员工，比较好的
有 32 名员工，一般的有 40 名员工，比较差的有 17 名员工，非常差的有 2

名员工，如图 3 - 107 所示。可以看出，不管被调查者所在的企业属于哪一类产业，对企业所在地鼓励创新、宽容失败的社会氛围都基本持肯定的看法。

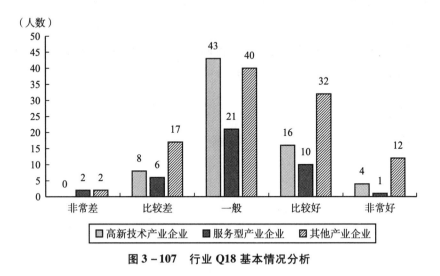

图 3 - 107　行业 Q18 基本情况分析

3.3.15　Q19 基本情况分析

Q19 在问卷中的完整题项为"您企业所在市（州）高校研究机构对贵公司的技术支持力度"。按照答题的基本情况来看，被调查者认为企业所在市（州）高校研究机构对贵公司的技术支持力度非常大的占比 10%，比较大的占比 22%，一般的占比 43%，比较小的占比 16%，非常小的占比 9%，如图 3 - 108 所示。可以看出，被调查者对于企业所在市（州）高校研究机构对贵公司的技术支持力度持相对肯定的看法。

1. 学历 Q19 基本情况分析

按照学历分类，在属于本科学历的企业员工中，认为企业所在市（州）高校研究机构对贵公司的技术支持力度非常大的有 15 名员工，比较大的有 21 名员工，一般的有 43 名员工，比较小的有 15 名员工，非常小的有 6 名员工；在属于硕士及以上学历的员工中，认为企业所在市（州）

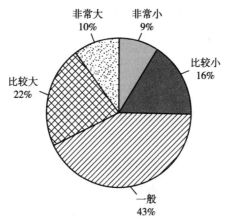

图 3 – 108 Q19 基本情况分析

高校研究机构对贵公司的技术支持力度非常大的有 2 名员工, 比较大的有 16 名员工, 一般的有 44 名员工, 比较小的有 19 名员工, 非常小的有 13 名员工, 如图 3 – 109 所示。可以看出, 不管被调查者的学历是本科或者硕士及以上, 对企业所在市 (州) 高校研究机构对贵公司的技术支持力度都基本持肯定的看法。

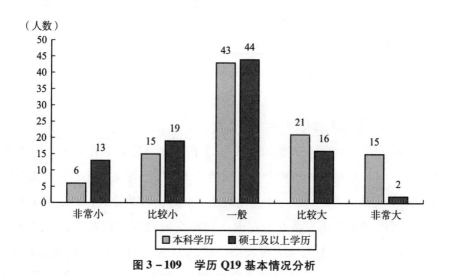

图 3 – 109 学历 Q19 基本情况分析

2. 企业类型 Q19 基本情况分析

按照企业类型分类，在属于国有企业的员工中，认为企业所在市（州）高校研究机构对贵公司的技术支持力度非常大的有 15 名员工，比较大的有 26 名员工，一般的有 54 名员工，比较小的有 22 名员工，非常小的有 14 名员工；在属于民营企业的员工中，认为企业所在市（州）高校研究机构对贵公司的技术支持力度非常大的有 5 名员工，比较大的有 16 名员工，一般的有 29 名员工，比较小的有 12 名员工，非常小的有 4 名员工，如图 3 – 110 所示。可以看出，不管被调查者是在国有企业还是民营企业，对企业所在市（州）高校研究机构对贵公司的技术支持力度都基本持肯定的看法。

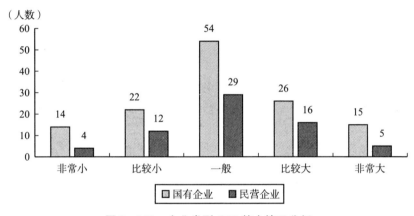

图 3 – 110 企业类型 Q19 基本情况分析

3. 企业员工数量 Q19 基本情况分析

按照企业员工数量分类，50 人及以下企业的员工中有 4 人认为企业所在市（州）高校研究机构对该公司的技术支持力度非常小，7 人认为比较小，27 人认为一般，8 人认为比较大，6 人认为非常大；51 ~ 300 人企业的员工中有 4 人认为企业所在市（州）高校研究机构对该公司的技术支持力度非常小，11 人认为比较小，27 人认为一般，15 人认为比较大，5 人认为非常大；301 ~ 1 000 人企业的员工中有 5 人认为企业所在市

（州）高校研究机构对该公司的技术支持力度非常小，9 人认为比较小，9 人认为一般，4 人认为比较大，3 人认为非常大；1 000 人以上企业的员工中有 6 人认为企业所在市（州）高校研究机构对该公司的技术支持力度非常小，8 人认为比较小，28 人认为一般，20 人认为比较大，8 人认为非常大，如图 3 - 111 所示。可以看出，被大部分调查者对于所在市（州）高校研究机构对该公司的技术支持力度觉得较为一般，也有相当部分调查者觉得支持力度较大。

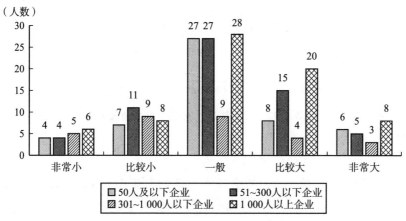

图 3 - 111　企业员工数量 Q19 基本情况分析

4. 企业注册时间 Q19 基本情况分析

按照企业注册时间分类，5 年以下企业的员工中有 3 人认为企业所在市（州）高校研究机构对该公司的技术支持力度非常小，10 人认为比较小，22 人认为一般，9 人认为比较大，3 人认为非常大；5 ~ 10 年企业的员工中有 5 人认为企业所在市（州）高校研究机构对该公司的技术支持力度非常小，12 人认为比较小，23 人认为一般，13 人认为比较大，7 人认为非常大；10 年以上企业的员工中有 11 人认为企业所在市（州）高校研究机构对该公司的技术支持力度非常小，13 人认为比较小，46 人认为一般，25 人认为比较大，12 人认为非常大，如图 3 - 112 所示。可以看出，被调查者对于所在市（州）高校研究机构对该公司的技术支持力度觉得较为一般，也有相当一部分员工认为支持力度大。

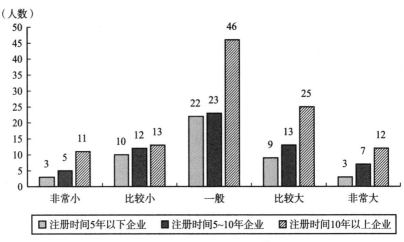

图 3 – 112　企业注册时间 Q19 基本情况分析

5. 企业所在地 Q19 基本情况分析

按照企业所在地分类，省会城市企业的员工中有 12 人认为企业所在市（州）高校研究机构对该公司的技术支持力度非常小，22 人认为比较小，67 人认为一般，38 人认为比较大，20 人认为非常大；非省会城市企业的员工中有 7 人认为企业所在市（州）高校研究机构对该公司的技术支持力度非常小，13 人认为比较小，24 人认为一般，9 人认为比较大，2人认为非常大，如图 3 – 113 所示。可以看出，被调查者所在企业所在地无论是省会城市还是非省会城市，对于所在市（州）高校研究机构对该公司的技术支持力度大部分觉得较为一般，但在省会城市企业员工相对非省会城市员工中觉得作用比较大及非常大的更多。

6. 行业 Q19 基本情况分析

按照企业所属行业分类，在属于高新技术产业企业的员工中有 7 人认为企业所在市（州）高校研究机构对该公司的技术支持力度非常小，9 人认为比较小，35 人认为一般，15 人认为比较大，5 人认为非常大；在属于

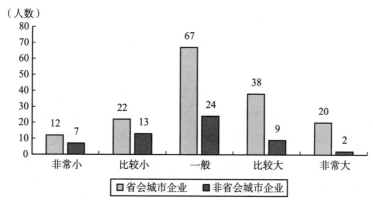

图 3 - 113　企业所在地 Q19 基本情况分析

服务型产业企业的员工中有 4 人认为企业所在市（州）高校研究机构对该公司的技术支持力度非常小，4 人认为比较小，22 人认为一般，8 人认为比较大，2 人认为非常大；属于其他产业企业的员工中有 8 人认为企业所在市（州）高校研究机构对该公司的技术支持力度非常小，22 人认为比较小，34 人认为一般，24 人认为比较大，15 人认为非常大，如图 3 - 114 所示。可以看出，高新技术产业企业和服务型产业企业的被调查者对于所在市（州）高校研究机构对该公司的技术支持力度觉得较为一般，但在其他产业企业被调查者更倾向于支持力度比较大。

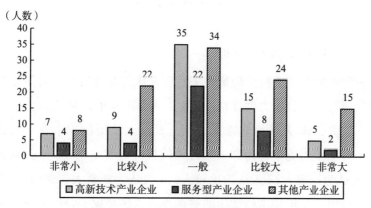

图 3 - 114　行业 Q19 基本情况分析

3.3.16 Q20 基本情况分析

Q20 在问卷中的完整题项为"您企业所在地对不正当竞争行为和失信行为的打击力度"。按照答题的基本情况来看，认为企业所在地对不正当竞争行为和失信行为的打击力度非常大的占比 7%，比较大的占比 31%，一般的占比 49%，比较小的占比 9%，非常小的仅占比 4%，如图 3 - 115 所示。可以看出，被调查者对于企业所在地对不正当竞争行为和失信行为的打击力度持相对肯定的看法。

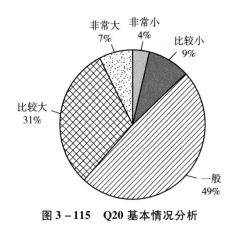

图 3 - 115　Q20 基本情况分析

1. 学历 Q20 基本情况分析

按照学历分类，本科学历员工中有 2 人认为企业所在地对不正当竞争行为和失信行为的打击力度非常小，8 人认为比较小，44 人认为一般，36 人认为比较大，10 人认为非常大；硕士及以上学历员工中有 6 人认为企业所在地对不正当竞争行为和失信行为的打击力度非常小，9 人认为比较小，55 人认为一般，22 人认为比较大，2 人认为非常大，如图 3 - 116 所示。可以看出，无论是本科学历的被调查者，还是硕士及以上学历的被调查者对于企业所在地对不正当竞争行为和失信行为的打击力度看法基本一致，相对肯定企业所在地对不正当竞争行为和失信行为的打击力度。

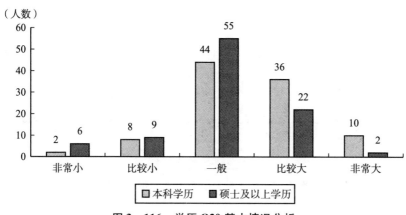

图 3 – 116　学历 Q20 基本情况分析

2. 企业类型 Q20 基本情况分析

按照企业类型分类，国有企业员工中有 6 人认为企业所在地对不正当竞争行为和失信行为的打击力度非常小，10 人认为比较小，66 人认为一般，39 人认为比较大，10 人认为非常大；民营企业员工中有 1 人认为企业所在地对不正当竞争行为和失信行为的打击力度非常小，9 人认为比较小，33 人认为一般，18 人认为比较大，5 人认为非常大，如图 3 – 117 所示。可以看出，无论是国有企业的被调查者，还是民营企业的被调查者对于企业所在地对不正当竞争行为和失信行为的打击力度看法基本一致，相对肯定企业所在地对不正当竞争行为和失信行为的打击力度。

3. 企业员工数量 Q20 基本情况分析

按照企业员工数量分类，50 人及以下企业员工中有 4 人认为企业所在地对不正当竞争行为和失信行为的打击力度非常小，5 人认为比较小，30 人认为一般，9 人认为比较大，4 人认为非常人；51～300 人企业员工中有 1 人认为企业所在地对不正当竞争行为和失信行为的打击力度非常小，8 人认为比较小，30 人认为一般，21 人认为比较大，2 人认为非常大；301～1 000 人企业员工中有 1 人认为企业所在地对不正当竞争行为和

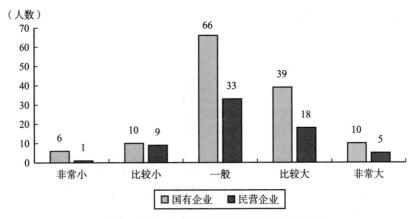

图 3 – 117　企业类型 Q20 基本情况分析

失信行为的打击力度非常小，4 人认为比较小，11 人认为一般，11 人认为比较大，3 人认为非常大，如图 3 – 118 所示。可以看出，无论是 50 人及以下企业被调查者，还是 51 ~ 300 人企业被调查者，还是 301 ~ 1 000 人企业被调查者对于企业所在地对不正当竞争行为和失信行为的打击力度看法基本一致，相对肯定企业所在地对不正当竞争行为和失信行为的打击力度，且企业规模越大越肯定。

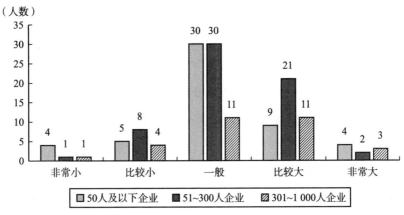

图 3 – 118　企业员工数量 Q20 基本情况分析

4. 企业注册时间 Q20 基本情况分析

按照企业注册时间分类，注册时间 5 年以下企业员工中有 2 人认为企业所在地对不正当竞争行为和失信行为的打击力度非常小，6 人认为比较小，22 人认为一般，15 人认为比较大，2 人认为非常大；注册时间在 5 ~ 10 年企业员工中有 1 人认为企业所在地对不正当竞争行为和失信行为的打击力度非常小，8 人认为比较小，29 人认为一般，18 人认为比较大，4 人认为非常大；注册时间 10 年以上企业员工中有 5 人认为企业所在地对不正当竞争行为和失信行为的打击力度非常小，6 人认为比较小，53 人认为一般，33 人认为比较大，10 人认为非常大，如图 3 – 119 所示。可以看出，无论被调查者所在的企业注册时间如何，对于企业所在地对不正当竞争行为和失信行为的打击力度看法基本一致，相对肯定企业所在地对不正当竞争行为和失信行为的打击力度。

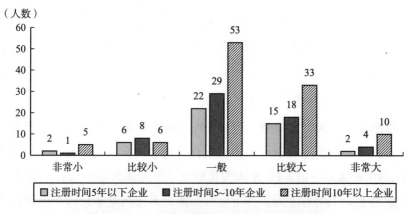

图 3 – 119　企业注册时间 Q20 基本情况分析

5. 企业所在地 Q20 基本情况分析

按照企业所在地分类，在属于省会城市企业员工中有 6 人认为企业所在地对不正当竞争行为和失信行为的打击力度非常小，14 人认为比较小，77 人认为一般，47 人认为比较大，15 人认为非常大；在属于非省会城市企业员工中有 2 人认为企业所在地对不正当竞争行为和失信行为的打击力度非常小，6 人认为比较小，27 人认为一般，19 人认为比较大，1 人认为非常大，如图 3 - 120 所示。可以看出，无论被调查者所在的企业位于省会城市或非省会城市，对于企业所在地对不正当竞争行为和失信行为的打击力度看法基本一致，相对肯定企业所在地对不正当竞争行为和失信行为的打击力度。

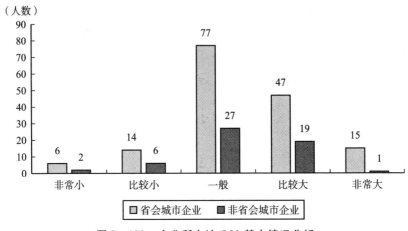

图 3 - 120　企业所在地 Q20 基本情况分析

6. 行业 Q20 基本情况分析

按照企业所属行业分类，在属于高新技术产业企业员工中有 5 人认为企业所在地对不正当竞争行为和失信行为的打击力度非常小，4 人认为比较小，40 人认为一般，19 人认为比较大，3 人认为非常大；在属于服务型产业企业员工中有 1 人认为企业所在地对不正当竞争行为和失信行为的打击力度非常小，2 人认为比较小，20 人认为一般，15 人认为比较大，2 人认为非常大；在属于其他产业企业员工中有 2 人认为企业所在地对不正当竞争行为和失信行为的打击力度非常小，14 人认为比较小，44 人认为一般，32 人认为比较大，11 人认为非常大，如图 3 - 121 所示。可以看出，无论被调查者所在的企业为何种性质产业的企业，对于企业所在地对不正当竞争行为和失信行为的打击力度看法基本一致，相对肯定企业所在地对不正当竞争行为和失信行为的打击力度。

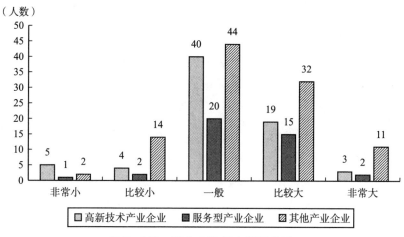

图 3 – 121　行业 Q20 基本情况分析

3.3.17　Q21 基本情况分析

Q21 在问卷中的完整题项为"您对您企业所在地的政策透明性与公平性的满意程度"。按照答题的基本情况来看，被调查者认为企业所在地的政策透明性与公平性的满意程度非常满意的占比 8%，比较满意的占比 32%，一般的占比 47%，比较不满意的占比 10%，非常不满意的占比 3%，如图 3 – 122

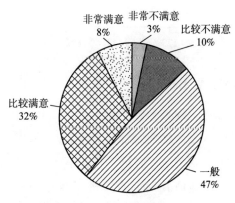

图 3 – 122　Q21 基本情况分析

所示。可以看出，被调查者对于企业所在地的政策透明性与公平性的满意
程度持相对肯定的看法。

1. 学历 Q21 基本情况分析

按照学历分类，在属于本科学历的员工中，有 12 名员工对企业所在
地的政策透明性与公平性非常满意，34 名员工比较满意，42 名员工一般，
9 名员工比较不满意，3 名员工非常不满意；在属于硕士及以上学历的员
工中，有 1 名员工对企业所在地的政策透明性与公平性非常满意，27 名
员工比较满意，52 名员工一般，10 名员工比较不满意，4 名员工非常不
满意，如图 3 - 123 所示。可以看出，不管被调查者的学历是本科或者硕
士及以上，对企业所在地的政策透明性与公平性的满意程度都基本持肯定
的看法。

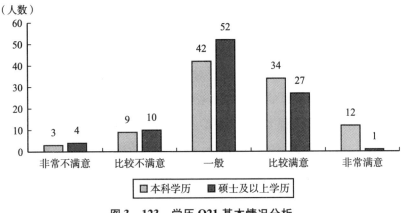

图 3 - 123　学历 Q21 基本情况分析

2. 企业类型 Q21 基本情况分析

按照企业类型分类，在属于国有企业的员工中，有 11 名员工对企业
所在地的政策透明性与公平性非常满意，38 名员工比较满意，64 名员工
一般，11 名员工比较不满意，7 名员工非常不满意；在属于民营企业的员
工中，有 5 名员工对企业所在地的政策透明性与公平性非常满意，23 名
员工比较满意，32 名员工一般，6 名员工比较不满意，没有员工非常不满

意，如图 3 - 124 所示。可以看出，不管被调查者是在国有企业还是民营企业，对企业所在地的政策透明性与公平性的满意程度都基本持肯定的看法。

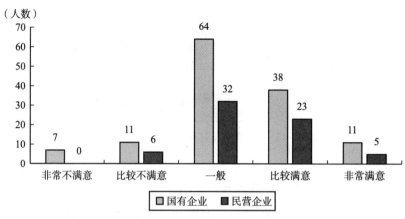

图 3 - 124　企业类型 Q21 基本情况分析

3. 企业员工数量 Q21 基本情况分析

按照企业员工数量分类，在员工数量为 50 人及以下的企业中，有 6 名员工对企业所在地的政策透明性与公平性非常满意，12 名员工比较满意，25 名员工一般，8 名员工比较不满意，1 名员工非常不满意；在员工数量为 51~300 人的企业中，有 2 名员工对企业所在地的政策透明性与公平性非常满意，25 名员工比较满意，27 名员工一般，7 名员工比较不满意，1 名员工非常不满意；在员工数量为 301~1 000 人的企业中，有 2 名员工对企业所在地的政策透明性与公平性非常满意，10 名员工比较满意，15 名员工一般，2 名员工比较不满意，1 名员工非常不满意；在员工数量为 1 000 人以上的企业中，有 7 名员工对企业所在地的政策透明性与公平性非常满意，20 名员工比较满意，34 名员工一般，5 名员工比较不满意，4 名员工非常不满意，如图 3 - 125 所示。可以看出，不管被调查者所处企业规模如何，对企业所在地的政策透明性与公平性的满意程度都基本持肯定的看法。

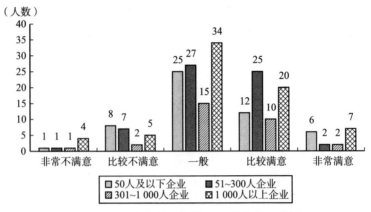

图 3-125　企业员工数量 Q21 基本情况分析

4. 企业注册时间 Q21 基本情况分析

按照企业注册时间分类，在注册时间 5 年以下的企业中，有 4 名员工对企业所在地的政策透明性与公平性非常满意，15 名员工比较满意，20 名员工一般，6 名员工比较不满意，2 名员工非常不满意；在注册时间 5 ~ 10 年的企业中，有 5 名员工对企业所在地的政策透明性与公平性非常满意，18 名员工比较满意，30 名员工一般，6 名员工比较不满意，1 名员工非常不满意；在注册时间 10 年以上的企业中，有 8 名员工对企业所在地的政策透明性与公平性非常满意，34 名员工比较满意，51 名员工一般，10 名员工比较不满意，4 名员工非常不满意，如图 3 - 126 所示。可以看出，不管被调查者所处企业注册时间长短，对企业所在地的政策透明性与公平性的满意程度都基本持肯定的看法。

5. 企业所在地 Q21 基本情况分析

按照企业所在地分类，在企业所在地属于省会城市的企业中，有 16 名员工对企业所在地的政策透明性与公平性非常满意，47 名员工比较满意，81 名员工一般，11 名员工比较不满意，4 名员工非常不满意；在企业所在地属于非省会城市的企业中，有 1 名员工对企业所在地的政策透明性与公平性非常满意，20 名员工比较满意，20 名员工一般，11 名员工比

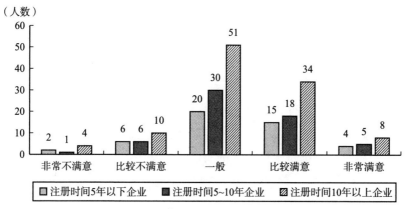

图 3 - 126　企业注册时间 Q21 基本情况分析

较不满意，3 名员工非常不满意，如图 3 - 127 所示。可以看出，不管被调查者所在的企业是否是省会城市，对企业所在地的政策透明性与公平性的满意程度都基本持肯定的看法。

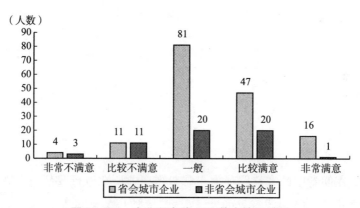

图 3 - 127　企业所在地 Q21 基本情况分析

6. 行业 Q21 基本情况分析

按照企业所属行业分类，在属于高新技术产业的企业中，有 3 名员工对企业所在地的政策透明性与公平性非常满意，18 名员工比较满意，39 名员工一般，8 名员工比较不满意，3 名员工非常不满意；在属于服务型产业的企业中，有 3 名员工对企业所在地的政策透明性与公平性非常满意，14 名员工比较满意，17 名员工一般，5 名员工比较不满意，1 名员工非常不满意；在属于其他产业的企业中，有 11 名员工对企业所在地的政策透明性与公平性非常满意，35 名员工比较满意，45 名员工一般，9 名员工比较不满意，3 名员工非常不满意，如图 3 – 128 所示。可以看出，不管被调查者所在的企业属于哪一类产业，对企业所在地的政策透明性与公平性的满意程度都基本持肯定的看法。

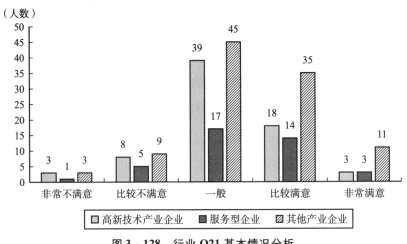

图 3 – 128　行业 Q21 基本情况分析

3.3.18　Q22 基本情况分析

Q22 在问卷中的完整题项为"您对您企业所在地行政部门在政策制定过程中考虑企业建议或意见的满意程度"。按照答题的基本情况来看，被调查者对企业所在地行政部门在政策制定过程中考虑企业建议或意见非常满意的占比8%，比较满意的占比26%，一般的占比53%，比较不满意的占比10%，非常不满意的占比3%，如图 3 – 129 所示。可以看出，被调查者对于企业所在地行政部门在政策制定过程中考虑企业建议或意见的满意程度持相对肯定的看法。

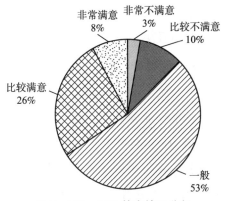

图 3 - 129 Q22 基本情况分析

1. 学历 Q22 基本情况分析

按照学历分类，在属于本科学历的员工中，有 11 名员工对企业所在地的政策透明性与公平性非常满意，30 名员工比较满意，50 名员工一般，7 名员工比较不满意，2 名员工非常不满意；在属于硕士及以上学历的员工中，有 2 名员工对企业所在地的政策透明性与公平性非常满意，20 名员工比较满意，57 名员工一般，11 名员工比较不满意，4 名员工非常不满意，如图 3 - 130 所示。可以看出，不管被调查者的学历是本科或者硕

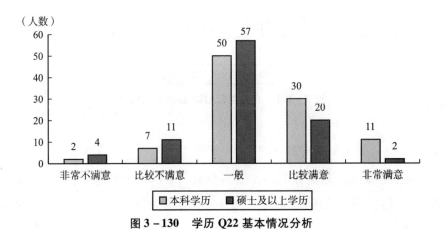

图 3 - 130 学历 Q22 基本情况分析

士及以上，对企业所在地行政部门在政策制定过程中考虑企业建议或意见的满意程度都基本持肯定的看法。

2. 企业类型 Q22 基本情况分析

按照企业类型分类，在属于国有企业的员工中，有 12 名员工对企业所在地的政策透明性与公平性非常满意，38 名员工比较满意，66 名员工一般，11 名员工比较不满意，4 名员工非常不满意；在属于民营企业的员工中，有 4 名员工对企业所在地的政策透明性与公平性非常满意，13 名员工比较满意，39 名员工一般，8 名员工比较不满意，2 名员工非常不满意，如图 3 – 131 所示。可以看出，不管被调查者是在国有企业还是民营企业，对企业所在地行政部门在政策制定过程中考虑企业建议或意见的满意程度都基本持肯定的看法。

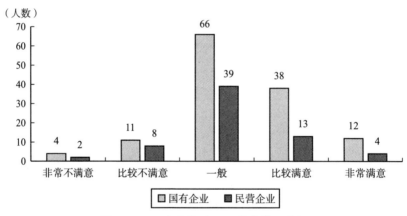

图 3 – 131　企业类型 Q22 基本情况分析

3. 企业员工数量 Q22 基本情况分析

按照企业员工数量分类，在员工数量为 50 人及以下的企业中，有 5 名员工对企业所在地的政策透明性与公平性非常满意，10 名员工比较满意，28 名员工一般，7 名员工比较不满意，2 名员工非常不满意；在员工数量为 51～300 人的企业中，有 4 名员工对企业所在地的政策透明性与公平性非常满意，17 名员工比较满意，34 名员工一般，7 名员工比较不满意，没有员工非常不满意；在员工数量为 301～1 000 人的企业中，有 1 名员工对企业所在地的政策透明性与公平性非常满意，11 名员工比较满意，15 名员工一般，2 名员工比较不满意，1 名员工非常不满意；在员工数量为 1 000 人以上的企业中，有 7 名员工对企业所在地的政策透明性与公平性非常满意，18 名员工比较满意，37 名员工一般，5 名员工比较不满意，3 名员工非常不满意，如图 3－132 所示。可以看出，不管被调查者所处企业规模如何，对企业所在地行政部门在政策制定过程中考虑企业建议或意见的满意程度都基本持肯定的看法。

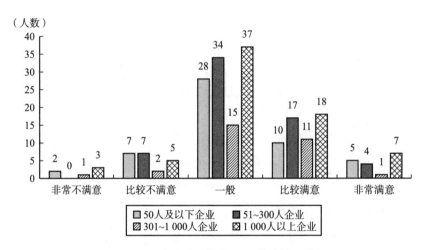

图 3－132　企业员工数量 Q22 基本情况分析

4. 企业注册时间 Q22 基本情况分析

按照企业注册时间分类，在注册时间 5 年以下的企业中，有 4 名员工对企业所在地的政策透明性与公平性非常满意，11 名员工比较满意，27 名员工一般，3 名员工比较不满意，2 名员工非常不满意；在注册时间 5～10 年的企业中，有 5 名员工对企业所在地的政策透明性与公平性非常满意，16 名员工比较满意，28 名员工一般，9 名员工比较不满意，2 名员工非常不满意；在注册时间 10 年以上的企业中，有 8 名员工对企业所在地的政策透明性与公平性非常满意，29 名员工比较满意，59 名员工一般，9 名员工比较不满意，2 名员工非常不满意，如图 3 - 133 所示。可以看出，不管被调查者所处企业注册时间长短，对企业所在地行政部门在政策制定过程中考虑企业建议或意见的满意程度都基本持肯定的看法。

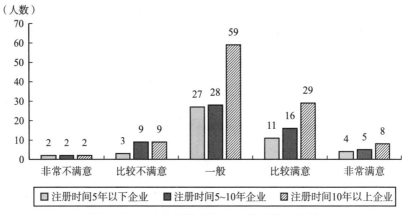

图 3 - 133　企业注册时间 Q22 基本情况分析

5. 企业所在地 Q22 基本情况分析

按照企业所在地分类，在企业所在地属于省会城市的企业中，有 16 名员工对企业所在地的政策透明性与公平性非常满意，41 名员工比较满意，85 名员工一般，13 名员工比较不满意，4 名员工非常不满意；在企业所在地属于非省会城市的企业中，有 1 名员工对企业所在地的政策透明性与公平性非常满意，15 名员工比较满意，29 名员工一般，8 名员工比较不满意，2 名员工非常不满意，如图 3 - 134 所示。可以看出，不管被调查者所在的企业是否是省会城市，对企业所在地行政部门在政策制定过程中考虑企业建议或意见的满意程度都基本持肯定的看法。

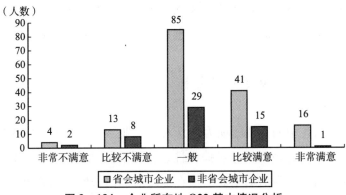

图 3 – 134　企业所在地 Q22 基本情况分析

6. 行业 Q22 基本情况分析

按照企业所属行业分类，在属于高新技术产业的企业中，有 3 名员工对企业所在地的政策透明性与公平性非常满意，18 名员工比较满意，41 名员工一般，8 名员工比较不满意，1 名员工非常不满意；在属于服务型产业的企业中，有 2 名员工对企业所在地的政策透明性与公平性非常满意，9 名员工比较满意，25 名员工一般，3 名员工比较不满意，1 名员工非常不满意；在属于其他产业的企业中，有 12 名员工对企业所在地的政策透明性与公平性非常满意，29 名员工比较满意，48 名员工一般，10 名员工比较不满意，4 名员工非常不满意，如图 3 – 135 所示。可以看出，不

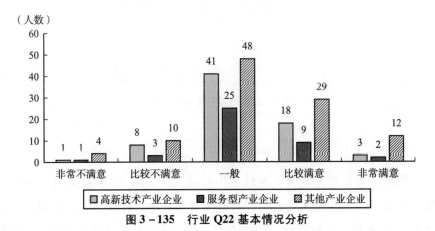

图 3 – 135　行业 Q22 基本情况分析

管被调查者所在的企业属于哪一类产业，对企业所在地行政部门在政策制定过程中考虑企业建议或意见的满意程度都基本持肯定的看法。

3.3.19 Q24 基本情况分析

Q24 在问卷中的完整题项为"您对您企业所在地政府部门采取的相关政策与配套措施的及时性、可操作性、实用性的满意程度"。按照答题的基本情况来看，被调查者对企业所在地政府部门采取的相关政策与配套措施的及时性、可操作性、实用性非常满意的占比10%，比较满意的占比26%，一般的占比52%，比较不满意的占比10%，非常不满意的占比2%，如图3-136所示。可以看出，被调查者对于企业所在地政府部门采取的相关政策与配套措施的及时性、可操作性、实用性的满意程度持相对肯定的看法。

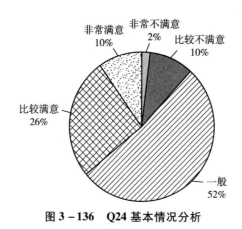

图 3-136　Q24 基本情况分析

1. 学历 Q24 基本情况分析

按照学历分类，在属于本科学历的员工中，有 12 名员工对企业所在地政府部门采取的相关政策与配套措施的及时性、可操作性、实用性非常满意，26 名员工比较满意，56 名员工一般，4 名员工比较不满意，2 名员工非常不满意；在属于硕士及以上学历的员工中，有 4 名员工对企业所在地政府部门采取的相关政策与配套措施的及时性、可操作性、实用性非常满意，24 名员工比较满意，48 名员工一般，16 名员工比较不满意，2 名员工非常不满意，如图 3 - 137 所示。可以看出，不管被调查者的学历是本科或者硕士及以上，对企业所在地政府部门采取的相关政策与配套措施的及时性、可操作性、实用性的满意程度都基本持肯定的看法。

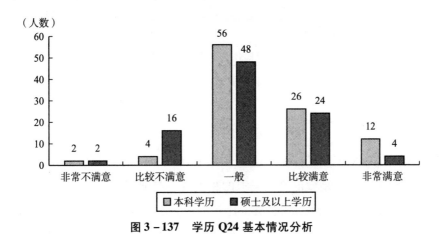

图 3 - 137　学历 Q24 基本情况分析

2. 企业类型 Q24 基本情况分析

按照企业类型分类，在属于国有企业的员工中，有 12 名员工对企业所在地政府部门采取的相关政策与配套措施的及时性、可操作性、实用性非常满意，34 名员工比较满意，71 名员工一般，11 名员工比较不满意，3 名员工非常不满意；在属丁民营企业的员工中，有 7 名员工对企业所在地政府部门采取的相关政策与配套措施的及时性、可操作性、实用性非常满意，16 名员工比较满意，34 名员工一般，8 名员工比较不满意，1 名员工非常不满意，如图 3 - 138 所示。可以看出，不管被调查者是在国有企业还是民营企业，对企业所在地政府部门采取的相关政策与配套措施的及时性、可操作性、实用性的满意程度都基本持肯定的看法。

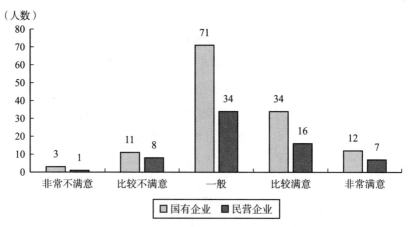

（人数）

图 3 - 138　企业类型 Q24 基本情况分析

3. 企业员工数量 Q24 基本情况分析

按照企业员工数量分类，在员工数量为 50 人及以下的企业中，有 8 名员工对企业所在地政府部门采取的相关政策与配套措施的及时性、可操作性、实用性非常满意，8 名员工比较满意，26 名员工一般，8 名员工比较不满意，2 名员工非常不满意；在员工数量为 51～300 人的企业中，有 4 名员工对企业所在地政府部门采取的相关政策与配套措施的及时性、可操作性、实用性非常满意，16 名员工比较满意，34 名员工一般，8 名员工比较不满意，没有员工非常不满意；在员工数量为 301～1 000 人的企业中，有 2 名员工对企业所在地政府部门采取的相关政策与配套措施的及时性、可操作性、实用性非常满意，13 名员工比较满意，13 名员工一般，2 名员工比较不满意，没有员工非常不满意；在员工数量为 1 000 人以上的企业中，有 7 名员工对企业所在地政府部门采取的相关政策与配套措施的及时性、可操作性、实用性非常满意，19 名员工比较满意，39 名员工一般，3 名员工比较不满意，2 名员工非常不满意，如图 3 - 139 所示。可以看出，不管被调查者所处企业规模如何，对企业所在地政府部门采取的相关政策与配套措施的及时性、可操作性、实用性的满意程度都基本持肯定的看法。

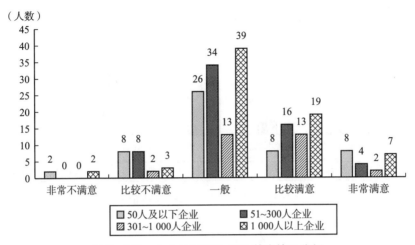

图 3 – 139　企业员工数量 Q24 基本情况分析

4. 企业注册时间 Q24 基本情况分析

按照企业注册时间分类，在注册时间 5 年以下的企业中，有 7 名员工对企业所在地政府部门采取的相关政策与配套措施的及时性、可操作性、实用性非常满意，7 名员工比较满意，26 名员工一般，5 名员工比较不满意，2 名员工非常不满意；在注册时间 5 ~ 10 年的企业中，有 4 名员工对企业所在地政府部门采取的相关政策与配套措施的及时性、可操作性、实用性非常满意，19 名员工比较满意，29 名员工一般，7 名员工比较不满意，1 名员工非常不满意；在注册时间 10 年以上的企业中，有 10 名员工对企业所在地政府部门采取的相关政策与配套措施的及时性、可操作性、实用性非常满意，30 名员工比较满意，57 名员工一般，9 名员工比较不满意，1 名员工非常不满意，如图 3 – 140 所示。可以看出，不管被调查者所处企业注册时间长短，对企业所在地政府部门采取的相关政策与配套措施的及时性、可操作性、实用性的满意程度都基本持肯定的看法。

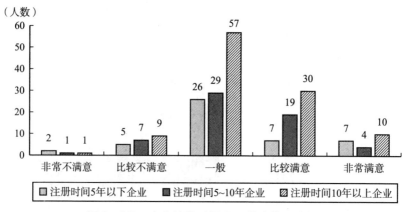

图 3 - 140　企业注册时间 Q24 基本情况分析

5. 企业所在地 Q24 基本情况分析

按照企业所在地分类，在企业所在地属于省会城市的企业中，有 19 名员工对企业所在地政府部门采取的相关政策与配套措施的及时性、可操作性、实用性非常满意，42 名员工比较满意，83 名员工一般，12 名员工比较不满意，3 名员工非常不满意；在企业所在地属于非省会城市的企业中，有 2 名员工对企业所在地政府部门采取的相关政策与配套措施的及时性、可操作性、实用性非常满意，14 名员工比较满意，29 名员工一般，9 名员工比较不满意，1 名员工非常不满意，如图 3 - 141 所示。

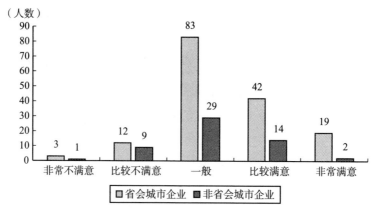

图 3 - 141　企业所在地 Q24 基本情况分析

可以看出，不管被调查者所在的企业是否是省会城市，对企业所在地政府部门采取的相关政策与配套措施的及时性、可操作性、实用性的满意程度都基本持肯定的看法。

6. 行业 Q24 基本情况分析

按照企业所属行业分类，在属于高新技术产业的企业中，有 7 名员工对企业所在地政府部门采取的相关政策与配套措施的及时性、可操作性、实用性非常满意，13 名员工比较满意，41 名员工一般，9 名员工比较不满意，1 名员工非常不满意；在属于服务型产业的企业中，有 2 名员工对企业所在地政府部门采取的相关政策与配套措施的及时性、可操作性、实用性非常满意，14 名员工比较满意，22 名员工一般，1 名员工比较不满意，1 名员工非常不满意；在属于其他产业的企业中，有 12 名员工对企业所在地政府部门采取的相关政策与配套措施的及时性、可操作性、实用性非常满意，29 名员工比较满意，49 名员工一般，11 名员工比较不满意，2 名员工非常不满意，如图 3 - 142 所示。可以看出，不管被调查者所在的企业属于哪一类产业，对企业所在地政府部门采取的相关政策与配套措施的及时性、可操作性、实用性的满意程度都基本持肯定的看法。

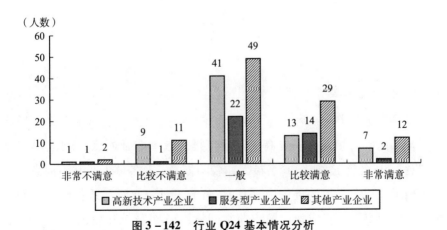

图 3 - 142　行业 Q24 基本情况分析

3.3.20 Q26 基本情况分析

Q26 在问卷中的完整题项为"您是否同意您企业所在地行政部门间的相互合作提高了项目审批的效率"。按照答题的基本情况来看，被调查者对企业所在地行政部门间的相互合作提高了项目审批的效率非常同意的占比 17%，比较同意的占比 31%，一般的占比 43%，比较不同意的占比8%，非常不同意的占比1%，如图 3 – 143 所示。可以看出，被调查者对于企业所在地行政部门间的相互合作提高了项目审批的效率的同意程度持相对肯定的看法。

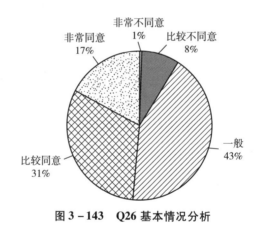

图 3 – 143　Q26 基本情况分析

1. 学历 Q26 基本情况分析

按照学历分类，在属于本科学历的员工中，有 18 名员工对企业所在地行政部门间的相互合作提高了项目审批的效率非常同意，36 名员工比较同意，39 名员工一般，6 名员工比较不同意，1 名员工非常不同意；在属于硕士及以上学历的员工中，有 14 名员工对企业所在地行政部门间的相互合作提高了项目审批的效率非常同意，26 名员工比较同意，43 名员工一般，11 名员工比较不同意，没有员工非常不同意，如图 3 – 144 所示。可以看出，不管被调查者的学历是本科或者硕士及以上，对企业所在地行政部门间的相互合作提高了项目审批的效率的同意程度都基本持肯定的看法。

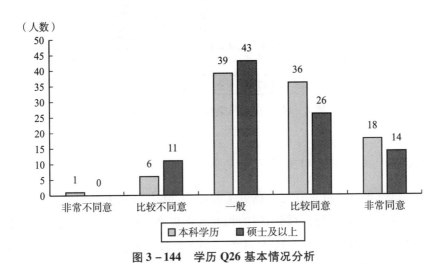

图 3 – 144　学历 Q26 基本情况分析

2. 企业类型 Q26 基本情况分析

按照企业类型分类，在属于国有企业的员工中，有 24 名员工对企业所在地行政部门间的相互合作提高了项目审批的效率非常同意，38 名员工比较同意，59 名员工一般，9 名员工比较不同意，1 名员工非常不同意；在属于民营企业的员工中，有 11 名员工对企业所在地行政部门间的相互合作提高了项目审批的效率非常同意，22 名员工比较同意，25 名员工一般，8 名员工比较不同意，没有员工非常不同意，如图 3 – 145 所示。可以看出，不管被调查者是在国有企业还是民营企业，对企业所在地行政部门间的相互合作提高了项目审批的效率的同意程度都基本持肯定的看法。

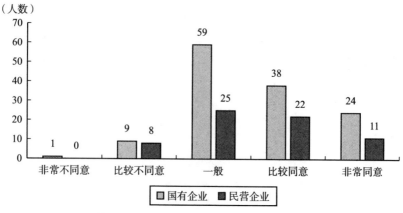

图 3 – 145 企业类型 Q26 基本情况分析

3. 企业员工数量 Q26 基本情况分析

按照企业员工数量分类，在员工数量为 50 人及以下的企业中，有 12 名员工对企业所在地行政部门间的相互合作提高了项目审批的效率非常同意，11 名员工比较同意，25 名员工一般，4 名员工比较不同意，没有员工非常不同意；在员工数量为 51～300 人的企业中，有 6 名员工对企业所在地行政部门间的相互合作提高了项目审批的效率非常同意，24 名员工比较同意，23 名员工一般，9 名员工比较不同意，没有员工非常不同意；在员工数量为 301～1 000 人的企业中，有 6 名员工对企业所在地行政部门间的相互合作提高了项目审批的效率非常同意，13 名员工比较同意，9 名员工一般，2 名员工比较不同意，没有员工非常不同意；在员工数量为 1 000 人以上的企业中，有 13 名员工对企业所在地行政部门间的相互合作提高了项目审批的效率非常同意，19 名员工比较同意，34 名员工一般，3 名员工比较不同意，1 名员工非常不同意，如图3 – 146 所示。可以看出，不管被调查者所处企业规模如何，对企业所在地行政部门间的相互合作提高了项目审批的效率的同意程度都基本持肯定的看法。

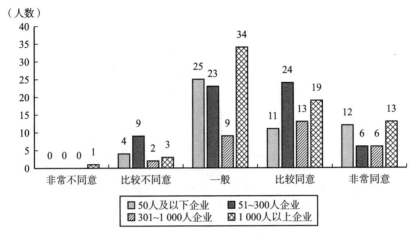

图 3 – 146 企业员工数量 Q26 基本情况分析

4. 企业注册时间 Q26 基本情况分析

按照企业注册时间分类，在注册时间 5 年以下的企业中，有 7 名员工对企业所在地行政部门间的相互合作提高了项目审批的效率非常同意，14 名员工比较同意，22 名员工一般，3 名员工比较不同意，1 名员工非常不同意；在注册时间 5 ~ 10 年的企业中，有 9 名员工对企业所在地行政部门间的相互合作提高了项目审批的效率非常同意，17 名员工比较同意，26 名员工一般，8 名员工比较不同意，没有员工非常不同意；在注册时间 10 年以上的企业中，有 21 名员工对企业所在地行政部门间的相互合作提高了项目审批的效率非常同意，36 名员工比较同意，43 名员工一般，7 名员工比较不同意，没有员工非常不同意，如图 3 – 147 所示。可以看出，不管被调查者所处企业注册时间长短，对企业所在地行政部门间的相互合作提高了项目审批的效率的同意程度都基本持肯定的看法。

5. 企业所在地 Q26 基本情况分析

按照企业所在地分类，在企业所在地属于省会城市的企业中，有 29 名员工对企业所在地行政部门间的相互合作提高了项目审批的效率非常同意，52 名员工比较同意，67 名员工一般，11 名员工比较不同意，没有员

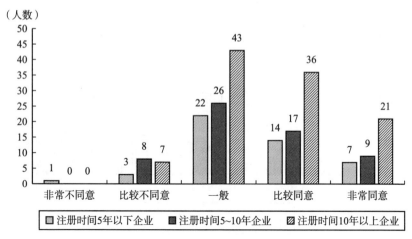

图 3 – 147　企业注册时间 Q26 基本情况分析

工非常不同意；在企业所在地属于非省会城市的企业中，有 8 名员工对企业所在地行政部门间的相互合作提高了项目审批的效率非常同意，15 名员工比较同意，24 名员工一般，7 名员工比较不同意，1 名员工非常不同意，如图 3 – 148 所示。可以看出，不管被调查者所在的企业是否是省会城市，对企业所在地行政部门间的相互合作提高了项目审批的效率的同意程度都基本持肯定的看法。

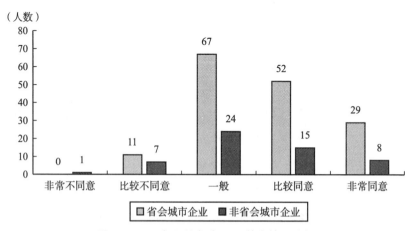

图 3 – 148　企业所在地 Q26 基本情况分析

6. 行业 Q26 基本情况分析

按照企业所属行业分类，在属于高新技术产业的企业中，有 11 名员工对企业所在地行政部门间的相互合作提高了项目审批的效率非常同意，21 名员工比较同意，30 名员工一般，9 名员工比较不同意，没有员工非常不同意；在属于服务型产业的企业中，有 7 名员工对企业所在地行政部门间的相互合作提高了项目审批的效率非常同意，9 名员工比较同意，21 名员工一般，3 名员工比较不同意，没有员工非常不同意；在属于其他产业的企业中，有 19 名员工对企业所在地行政部门间的相互合作提高了项目审批的效率非常同意，37 名员工比较同意，40 名员工一般，6 名员工比较不同意，1 名员工非常不同意，如图 3 – 149 所示。可以看出，不管被调查者所在的企业属于哪一类产业，对企业所在地行政部门间的相互合作提高了项目审批的效率的同意程度都基本持肯定的看法。

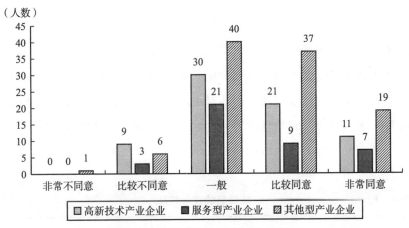

图 3 – 149　行业 Q26 基本情况分析

第4章 实证分析

4.1 主成分因子分析

主成分分析是一种多变量分析，由霍特林（Hotelling）在 1933 年首先提出。其主要是通过降维把复杂的多变量，归纳、综合成一组新的指标代替原来的多变量，达到简化变量的效果，从而降低研究的复杂程度。在营商环境的评级体系构建过程中，为了能够全面、客观地综合评价营商体系，往往会设计较多变量以达到全面、客观的要求，但在实际研究中，多变量会加大研究的复杂程度，而通过主成分分析能够在降低研究复杂程度的同时，达到对研究对象评价客观、全面的要求。以下将对所有 28 道指标进行主成分分析，转换后的这组变量叫主成分，如表 4 - 1 所示。

表 4 - 1 旋转后的成分矩阵

题项	成分				
	1	2	3	4	5
Q1	0. 465				
Q2				0. 622	

题项	成分				
	1	2	3	4	5
Q3				0.706	
Q4				0.496	
Q5				0.575	
Q6				0.515	
Q7	0.505				
Q8	0.637		0.429		
Q9	0.554		0.529		
Q10	0.632		0.478		
Q11	0.684				
Q12	0.664				
Q13	0.592				
Q14					0.642
Q15	0.587				0.420
Q16	0.715				
Q17	0.666				
Q18	0.732				
Q19	0.641				
Q20	0.761				
Q21	0.624	0.464			
Q22	0.642	0.442			
Q23	0.582	0.449			
Q24	0.547	0.484			

题项	成分				
	1	2	3	4	5
Q25		0.646			
Q26		0.758			
Q27		0.842			
Q28		0.807			
Q29		0.748			
Q30		0.791			
Q31			0.781		
Q32			0.789		
Q33			0.768		

注：提取方法：主成分分析法。

第一次主成分因子分析的效果并不理想，出现 Q8，Q9，Q10，Q21，Q22，Q23，Q24 在两个维度同时出现共同度高于 0.4 的情况，所以对这些变量逐一尝试进行剔除。

在进行过多次主成分因子分析以后，将 Q8，Q9，Q10，Q21，Q22，Q23，Q24 这几个题项剔除，由表 4-2 可知，共有 4 个成分的特征值大于 1，4 个成分的累计贡献率达到 66.356%，表 4-3 给出因子载荷的具体数值。

表 4-2　　　　　　　　　　　　总方差解释

成分	初始特征值			提取载荷平方和			旋转载荷平方和		
	总计	方差%	累积%	总计	方差%	累积%	总计	方差%	累积%
1	10.747	46.727	46.727	10.747	46.727	46.727	5.47	23.781	23.781
2	2.157	9.380	56.108	2.157	9.380	56.108	4.562	19.833	43.615

成分	初始特征值			提取载荷平方和			旋转载荷平方和		
	总计	方差%	累积%	总计	方差%	累积%	总计	方差%	累积%
3	1.276	5.549	61.657	1.276	5.549	61.657	2.925	12.719	56.334
4	1.081	4.699	66.356	1.081	4.699	66.356	2.305	10.022	66.356

注：提取方法：主成分分析法。

表 4 – 3　　　　　剔除部分题项后的旋转后成分矩阵

题项	成分			
	1	2	3	4
Q1	0.452			
Q2				0.625
Q3				0.713
Q5				0.602
Q6				0.535
Q8	0.654			
Q11	0.695			
Q12	0.711			
Q13	0.638			
Q16	0.712			
Q17	0.695			
Q18	0.765			
Q19	0.660			
Q20	0.744			
Q25		0.636		
Q26		0.785		

题项	成分			
	1	2	3	4
Q27		0.847		
Q28		0.815		
Q29		0.758		
Q30		0.797		
Q31			0.802	
Q32			0.839	
Q33			0.784	

提取方法：主成分分析法。

旋转方法：凯撒正态化最大方差法。

注：旋转在 6 次迭代后已收敛。

通过一系列删减，将其划分为 4 个维度，如表 4 – 4 所示。市场环境为 10 道指标，政务效率与组织公平为 6 道指标，组织绩效为 3 道指标，生产要素为 4 道指标。

表 4 – 4 　　　　　　　　　具体题项与对应编号

维度	题号	题项
市场环境	Q1	1. 您企业所在地职业培训机构在促进经济发展方面发挥的作用（如培育技术人才等）
	Q8	8. 您对您企业所在地政府的人才引进力度的满意程度
	Q11	11. 您对您企业所在地提供的知识产权管理与公共服务的满意程度
	Q12	12. 您认为您企业在企业所在地银行获得融资的成本（包括手续费、利息费用）
	Q13	13. 您认为您企业所在地融资渠道多元化程度
	Q16	16. 您企业所在地行政部门对市场违法行为打击的效果
	Q17	17. 您认为您企业所在地的新兴产业和高新技术企业的发展

续表

维度	题号	题项
市场环境	Q18	18. 您企业所在地鼓励创新、宽容失败的社会氛围
	Q19	19. 您企业所在市（州）高校研究机构对贵公司的技术支持力度
	Q20	20. 您企业所在地对不正当竞争行为和失信行为的打击力度
政务效率与组织公平	Q25	25. 您是否同意您企业所在地行政部门的相关政策具有良好的稳定性和持续性
	Q26	26. 您是否同意您企业所在地行政部门间的相互合作提高了项目审批的效率
	Q27	27. 您是否同意您企业所在地的营商环境推动了企业内部程序的优化
	Q28	28. 您是否同意您企业所在地的营商环境促进了企业分配制度的公平与优化
	Q29	29. 您是否同意您企业所在地的营商环境促进了企业对员工提供了足够的支持与帮助
	Q30	30. 您是否同意您企业所在地的营商环境促进了领导与员工进行了及时的信息沟通
组织绩效	Q31	31. 相比于其他市（州），您企业所在地的营商环境对本企业扩大市场份额具有
	Q32	32. 相比于其他市（州），您企业所在地的营商环境对本企业实现更高的销售增长率具有
	Q33	33. 相比于其他市（州），您企业所在地的营商环境对本企业实现更高的投资回报率具有
生产要素	Q2	2. 您企业所在地雇用工人，尤其是雇用高技术人才的困难程度
	Q3	3. 您所在企业人员的流失率（离职率）
	Q5	5. 您对企业所在地的基础设施及配套建设满足企业经营发展的满意程度
	Q6	6. 您对您企业所在地电、水、天然气、土地等生产要素供应及价格的满意程度

由检验结果可知，KMO 值为 0.770，高于 0.7，说明各维度之间具有较好的相关性，且巴特利特球形检验通过，适合做探索性因子分析，如表 4 – 5 和表 4 – 6 所示。

表 4 – 5 　　　　　　　　　　**KMO 和巴特利特检验**

KMO 取样适切性量数		0.933
巴特利特球形度检验	近似卡方	3 415.121
	自由度	253
	显著性	0.000 ***

表 4 - 6 各评价维度偏度及峰度

	N 统计	均值统计	方差统计	偏度		峰度	
				统计	标准错误	统计	标准错误
ME	214	3.2593	0.479	0.231	0.166	0.626	0.331
GO	214	3.4657	0.555	0.244	0.166	0.020	0.331
OP	214	3.3738	0.620	0.093	0.166	0.252	0.331
PF	214	3.1694	0.411	0.672	0.166	0.682	0.331
有效个案数（成列）	214						

通过将收集的数据代入 SPSS 26.0 分析之后，如图 4 - 1 至图 4 - 4 所示，我们可以看出所有数据偏度、峰度绝对值都小于 1，由此可知，样本数据基本符合正态分布，能够满足结构方程分析对数据的要求。

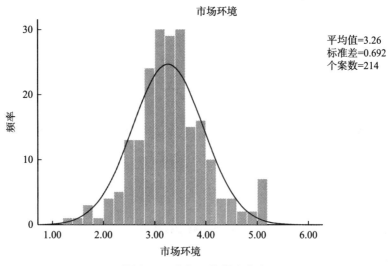

图 4 - 1 市场环境频率分布

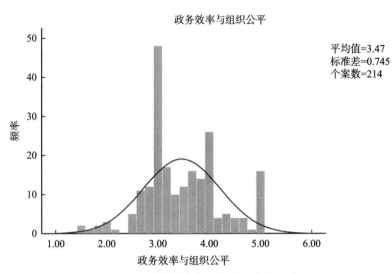

图4-2 政务效率与组织公平频率分布

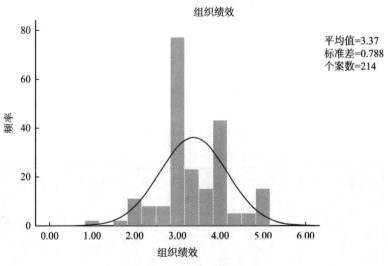

图4-3 组织绩效频率分布

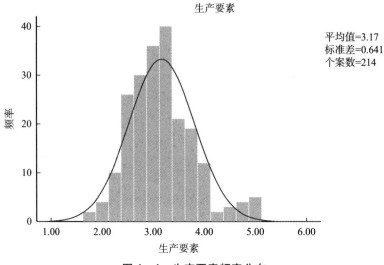

图 4 - 4　生产要素频率分布

4.2　信效度检验

本书研究运用 SPSS 26.0 进行各潜在变量的 Cronbach's α 测算，如表 4 - 7 所示。

表 4 - 7　　　　　　　　　各潜变量 Cronbach's α

项总计统计

	删除项后的标度平均值	删除项后的标度方差	修正后的项与总计相关性	平方多重相关性	删除项后的克隆巴赫 Alpha
ME	10. 0090	3. 276	0. 738	0. 558	0. 774
GO	9. 8026	3. 189	0. 698	0. 507	0. 790
OP	9. 8945	3. 117	0. 671	0. 473	0. 804
PF	10. 0989	3. 692	0. 609	0. 420	0. 828

由以上分析可以看出，ME 和 GO 的 Cronbach's α 值小于 0.8 之外，其余各潜在变量的 Cronbach's α 值，均大于 0.8。

4.2.1　市场环境信度和效度分析

运用 SPSS 26.0 对信效度检验，如表 4 - 8 所示。

表 4 - 8　　　　　　　　　　KMO 和巴特利特检验

KMO 取样适切性量数		0.929
巴特利特球形度检验	近似卡方	1 234.009
	自由度	45
	显著性	0.000

由检验结果可知，市场环境的 KMO 值为 0.929，高于 0.7，说明市场环境各维度之间具有较好的相关性，且巴特利特球形检验通过，适合做探索性因子分析。

本研究利用 Amos 26.0 对基本素质进行探索性因子分析，见图 4 - 5。

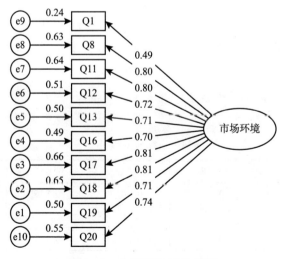

图 4 - 5　市场环境 CFA 模型

通过运用 Amos 26.0 对市场环境模型进行分析之后，可以得出市场环境各维度的验证性因子分析结果，如表 4 – 9 所示。

表 4 – 9　　　　　　　　市场环境维度验证性因子分析结果

			Estimate	S. E.	C. R.	P
Q19	<---	市场环境	1			
Q18	<---	市场环境	0.917	0.080	11.442	***
Q17	<---	市场环境	1.005	0.088	11.481	***
Q16	<---	市场环境	0.780	0.080	9.784	***
Q13	<---	市场环境	0.841	0.086	9.832	***
Q12	<---	市场环境	0.800	0.080	10.017	***
Q11	<---	市场环境	0.916	0.083	11.098	***
Q8	<---	市场环境	0.937	0.085	10.982	***
Q1	<---	市场环境	0.657	0.096	6.814	***
Q20	<---	市场环境	0.854	0.082	10.356	***

注：***为 $p < 0.001$，**为 $p < 0.01$，*$p < 0.05$。

通过对市场环境模型进行验证性因子分析，可以看出各变量的因素负荷量均高于 0.5，通过验证性因子分析结果，对市场环境维度的组合信度和平均变异抽取值进行分析，得知市场环境各维度组合信度均高于 0.6，说明该模型具有较高的组合信度、内容效度。

科研成果模型维度拟合指标如表 4 – 10 至表 4 – 12 所示。

表 4 – 10　　　　　　　　RMR 指标与 GFI 指标

Model	RMR	GFI	AGFI	PGFI
Default model	0.035	0.902	0.846	0.574
Saturated model	0	1		
Independence model	0.401	0.276	0.116	0.226

表 4 – 11 基准线比较指标参数

Model	NFI Delta1	RFI rho1	IFI Delta2	TLI rho2	CFI
Default model	0.913	0.888	0.939	0.921	0.939
Saturated model	1		1		1
Independence model	0	0	0	0	0

表 4 – 12 RMSEA 指标

Model	RMSEA	LO 90	HI 90	PCLOSE
Default model	0.100	0.079	0.121	0
Independence model	0.356	0.339	0.373	0

表4 – 10 至表4 – 12 分别显示了科研成果维度模型构建的结对适配度指标 RMR、GFI、AGFI、PGFI 与 RMSEA，以及增值适配度指标 NFI、RFI、IFI、TLI 与 CFI。

综上拟合指标显示，本书根据理论构建的市场环境维度模型需要进一步修正。

4.2.2 政务效率与组织公平信效度分析

运用 SPSS 26.0 对政务效率与组织公平维度进行 KMO 和 Bartlett 球体检验，验证政务效率与组织公平维度是否适用探索性因子分析，如表4 – 13 所示。

表 4 – 13 KMO 和巴特利特检验

KMO 取样适切性量数		0.86
巴特利特球形度检验	近似卡方	1 052.753
	自由度	15
	显著性	0

由检验结果可知，政务效率与组织公平的 KMO 值为 0.86，高于 0.7，说明政务效率与组织公平各维度之间具有较好的相关性，且巴特利特球形检验通过，适合做探索性因子分析。

本书利用 Amos 26.0 对教学质量进行探索性因子分析，见图 4 - 6。

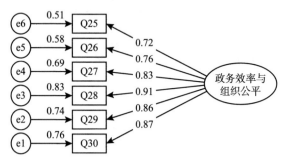

图 4 - 6 政务效率与组织公平 CFA 模型

通过运用 Amos 26.0 对政务效率与组织公平模型进行分析之后，可以得出基本素质各维度的验证性因子分析结果，如表 4 - 14 所示。

表 4 - 14　　　　　政务效率与组织公平维度验证性因子分析结果

			Estimate	S. E.	C. R.	P	Label
Q30	<---	政务效率与_组织公平	1				
Q29	<---	政务效率与_组织公平	1.009	0.058	17.416	***	par_1
Q28	<---	政务效率与_组织公平	1.024	0.054	18.898	***	par_2
Q27	<---	政务效率与_组织公平	0.920	0.059	15.658	***	par_3
Q26	<---	政务效率与_组织公平	0.894	0.066	13.549	***	par_4
Q25	<---	政务效率与_组织公平	0.808	0.066	12.298	***	par_5

注：***为 $p < 0.001$，**为 $p < 0.01$，*$p < 0.05$。

通过对政务效率与组织公平模型进行验证性因子分析，可以看出各变量的因素负荷量均高于 0.5，通过验证性因子分析结果，对政务效率与组织公平各维度的组合信度和平均变异抽取值进行分析，得知政务效率与组织公平各维度组合信度均高于0.6，说明该模型具有较高的组合信度、内容效度。

政务效率与组织公平模型维度拟合指标如表4-15和表4-16所示。

表4-15 基准线比较指标参数

Model	NFI Delta1	RFI rho1	IFI Delta2	TLI rho2	CFI
Default model	0.901	0.835	0.909	0.847	0.908
Saturated model	1		1		1
Independence model	0	0	0	0	0

表4-16 RMSEA 指标

Model	RMSEA	LO 90	HI 90	PCLOSE
Default model	0.225	0.187	0.264	0
Independence model	0.574	0.545	0.603	0

表4-15中，NFI、IFI和CFI的值大于0.9，但是RFI和TLI说明模型市场环境维度模型适配度欠佳，需加以改进；表4-16中，RMSEA大于0.1，说明模型与数据的适配度不够好。综上所述，本书根据理论构建的政务效率与组织公平维度模型维度模型适配度欠佳，需加以改进。

4.2.3 组织绩效信效度检验

运用SPSS 26.0进行探索性因子分析，如表4-17所示。

表 4 - 17　　　　　　　　　　　　KMO 和巴特利特检验

KMO 取样适切性量数		0.752
巴特利特球形度检验	近似卡方	483.129
	自由度	3
	显著性	0.000

由检验结果可知，教学质量的 KMO 值为 0.752，高于 0.7，说明组织绩效各维度之间具有较好的相关性，且巴特利特球形检验通过，适合做探索性因子分析。

本书利用 Amos 26.0 对组织绩效进行探索性因子分析，见图 4 - 7。

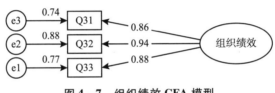

图 4 -7　组织绩效 CFA 模型

通过运用 Amos 26.0 对组织绩效模型进行分析之后，可以得出组织绩效各维度的验证性因子分析结果，如表 4 - 18 所示。

表 4 -18　　　　　　　　组织绩效维度验证性因子分析结果

			Estimate	S. E.	C. R.	P	Label
Q33	<---	组织绩效	1				
Q32	<---	组织绩效	1.080	0.056	19.240	***	par_1
Q31	<---	组织绩效	0.975	0.057	17.112	***	par_2

注：*** 为 $p < 0.001$，** 为 $p < 0.01$，* $p < 0.05$。

科研成果模型维度拟合指标如表 4 - 19 至表 4 - 21 所示。

表 4 - 19　　　　　　　　　**RMR 指标与 GFI 指标**

Model	RMR	GFI	AGFI	PGFI
Default model	0	1		
Saturated model	0	1		
Independence model	0. 403	0. 440	- 0. 121	0. 220

表 4 - 20　　　　　　　　　**基准线比较指标参数**

Model	NFI Delta1	RFI rho1	IFI Delta2	TLI rho2	CFI
Default model	1		1		1
Saturated model	1		1		1
Independence model	0	0	0	0	0

表 4 - 21　　　　　　　　　**RMSEA 指标**

Model	RMSEA	LO 90	HI 90	PCLOSE
Independence model	0. 871	0. 806	0. 937	0

　　表 4 - 19 显示了 RMR 为 0，GFI 为 1；表 4 - 20 中，NFI、IFI 和 CFI 的值均为 1；表 4 - 21 中，RMSEA 为 0。综上所述，本书根据理论构建的组织绩效维度模型的适配性很差。

4.2.4　生产要素信效度检验

　　运用 SPSS 26. 0 进行探索性因子分析，如表 4 - 22 所示。

　　由检验结果可知，生产要素的 KMO 值为 0. 770，高于 0. 7，说明生产要素各维度之间具有较好的相关性，且巴特利特球形检验通过，适合做探索性因子分析。

表 4 – 22 　　　　　　　　　　　KMO 和巴特利特检验

KMO 取样适切性量数		0. 702
巴特利特球形度检验	近似卡方	132. 806
	自由度	6
	显著性	0

本书利用 Amos 26. 0 对生产要素进行探索性因子分析, 见图 4 – 8。

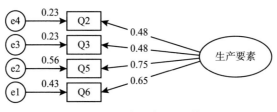

图 4 – 8　生产要素 CFA 模型

通过运用 Amos 26. 0 对生产要素模型进行分析之后, 可以得出生产要素各维度的验证性因子分析结果, 如表 4 – 23 所示。

表 4 – 23 　　　　　　　　　生产要素维度验证性因子分析结果

			Estimate	S. E.	C. R.	P	Label
Q6	<---	生产要素	1				
Q5	<---	生产要素	1. 209	0. 191	6. 319	***	par_1
Q3	<---	生产要素	0. 847	0. 159	5. 338	***	par_2
Q2	<---	生产要素	0. 912	0. 177	5. 162	***	par_3

注: *** 为 $p < 0. 001$, ** 为 $p < 0. 01$, * $p < 0. 05$。

通过对生产要素模型进行验证性因子分析, 可以看出各变量的因素负荷量均高于 0.5，通过验证性因子分析结果，对生产要素各维度的组合信度和平均变异抽取值进行分析，得知科研成果各维度组合信度均高于0.6，说明该模型具有较高的组合信度、内容效度。

生产要素模型维度拟合指标如表 4 – 24 至表 4 – 26 所示。

表 4 – 24　　　　　　　　　　　RMR 指标与 GFI 指标

Model	RMR	GFI	AGFI	PGFI
Default model	0.022	0.993	0.965	0.199
Saturated model	0	1		
Independence model	0.215	0.726	0.544	0.436

表 4 – 25　　　　　　　　　　　基准线比较指标参数

Model	NFI Delta1	RFI rho1	IFI Delta2	TLI rho2	CFI
Default model	0.977	0.930	0.992	0.974	0.991
Saturated model	1		1		1
Independence model	0	0	0	0	0

表 4 – 26　　　　　　　　　　　RMSEA 指标

Model	RMSEA	LO 90	HI 90	PCLOSE
Default model	0.051	0	0.155	0.375
Independence model	0.317	0.271	0.364	0

上面三个表中，表 4 – 24 显示了 RMR 小于 0.1，GFI、AGFI 大于0.8，说明科研成果模型与数据的适配性较好；表 4 – 25 中，NFI、IFI、TLI 和 CFI 的值均大于 0.9，说明模型采用极大似然估计法估计效果较好；表 4 – 26 中，RMSEA 小于 0.1，说明模型与数据的适配度较好。综上所述，本书根据理论构建的教学质量维度模型具有较好的适配性。

4.3 模型修正

4.3.1 营商环境评定模型

以下先给出未修订前，各维度间的联系路径分析，如图4-9所示。

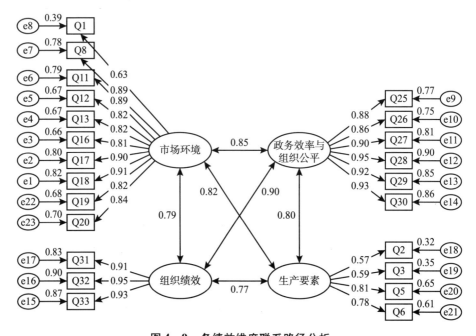

图4-9 各绩效维度联系路径分析

图4-9各潜变量连线路径上的数字代表二者间的相关系数，整体来看，全体维度都是正向相关关系。表4-27给出各绩效维度协方差估计，方便观察各维度之间相关关系的大小。整体来看，其中生产要素维度与其他

维度的相关性较低，市场环境与组织绩效维度间的相关程度较高（0.852）。

表 4 – 27 各绩效维度协方差估计

			Estimate	S. E.	C. R.	P
市场环境	<-->	政务效率与_组织公平	1			
市场环境	<-->	组织绩效	0.852	0.084	10.137	***
市场环境	<-->	生产要素	0.609	0.104	5.860	***
政务效率与_组织公平	<-->	组织绩效	0.847	0.082	10.389	***
政务效率与_组织公平	<-->	生产要素	0.524	0.087	6.023	***
组织绩效	<-->	生产要素	0.453	0.086	5.292	***

以上检验了各绩效维度之间是正相关关系，且协方差检验均显著，说明所有维度都是正向影响整体模型，因此不用剔除任何维度，也说明存在二阶潜在变量。接下来给出总体绩效评价模型的路径分析，如图 4 – 10 所示。

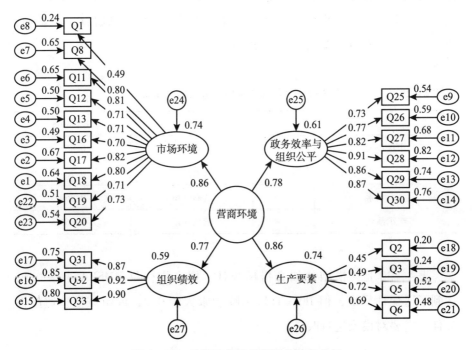

图 4 – 10 总体绩效评价模型的路径分析

图 4 - 10 代表的是二阶验证性因子分析，其路径回归系数如表 4 - 28 所示，从表中各维度对二阶潜变量的回归系数显著性检验都是显著的，说明各维度对科研绩效都有显著的解释力度。

表 4 - 28 二阶验证性因子分析回归系数

			Estimate	S. E.	C. R.	P	Label
市场环境	<---	营商环境	1				
政务效率与组织公平	<---	营商环境	0.825	0.104	7.941	***	par_20
生产要素	<---	营商环境	0.647	0.114	5.663	***	par_21
组织绩效	<---	营商环境	0.971	0.112	8.651	***	par_22

但表 4 - 28 给出的是非标准化的回归系数，无法比较各维度之间对营商环境的解释程度。因此，以下给出各维度对二阶潜变量营商环境的标准化回归系数。表 4 - 29 显示，组织绩效维度对科研绩效的解释力度最弱，市场环境维度对科研绩效解释程度最高。

表 4 - 29 标准化二阶验证性因子分析回归系数

			Estimate
市场环境	<---	营商环境	0.863
政务效率与_组织公平	<---	营商环境	0.784
生产要素	<---	营商环境	0.859
组织绩效	<---	营商环境	0.766

表 4 - 30 是该模型的拟合指标统计，拟合指标仅 RMSEA 小于 0.1，达到了适配性标准，但 IFI，TLI，CFI 均未大于 0.9，说明该模型适配性欠佳，需要对模型进行改进。

表 4 - 30　　　　　　　　　　　模型拟合指标统计

Model	NFI Delta1	RFI rho1	IFI Delta2	TLI rho2	CFI	RMSEA
Default model	0.864	0.848	0.923	0.913	0.922	0.073
Saturated model	1		1		1	
Independence model	0	0	0	0	0	0.248

4.3.2　降维修正

对于因子载荷量，一般选取载荷绝对值大于 0.6 的因子，Q1，Q6 这两个因子的载荷的绝对值都小于 0.6，因此考虑将这两个因子删除。

表 4 - 31　　　　　　　　　　　总方差解释

成分	初始特征值			提取载荷平方和			旋转载荷平方和		
	总计	方差 %	累积 %	总计	方差 %	累积 %	总计	方差 %	累积 %
1	10.747	46.727	46.727	10.747	46.727	46.727	5.47	23.781	23.781
2	2.157	9.38	56.108	2.157	9.38	56.108	4.562	19.833	43.615
3	1.276	5.549	61.657	1.276	5.549	61.657	2.925	12.719	56.334
4	1.081	4.699	66.356	1.081	4.699	66.356	2.305	10.022	66.356

注：提取方法：主成分分析法。

表 4 - 32　　　　　　　　　　　旋转后的成分矩阵

题号	成分			
	1	2	3	4
Q1	0.452			
Q2				0.625

续表

题号	成分			
	1	2	3	4
Q3				0.713
Q5				0.602
Q6				0.535
Q8	0.654			
Q11	0.695			
Q12	0.711			
Q13	0.638			
Q16	0.712			
Q17	0.695			
Q18	0.765			
Q19	0.660			
Q20	0.744			
Q25		0.636		
Q26		0.785		
Q27		0.847		
Q28		0.815		
Q29		0.758		
Q30		0.797		
Q31			0.802	
Q32			0.839	
Q33			0.784	

注：提取方法：主成分分析法。
旋转在 6 次迭代后已收敛。

通过删减，市场环境维度由原来的 10 道指标删减到 9 道指标，生产要素维度由原来的 4 道指标删减为 3 道指标，其余维度不变，如表 4 - 33 所示。以下将对删减优化后的模型进行适配度分析。

表 4 - 33　　　　　　　　　　降维修正具体题项与对应编号

维度	题号	题项
市场环境	Q8	8. 您对您企业所在地政府的人才引进力度的满意程度
	Q11	11. 您对您企业所在地提供的知识产权管理与公共服务的满意程度
	Q12	12. 您认为您企业在企业所在地银行获得融资的成本（包括手续费、利息费用）
	Q13	13. 您认为您企业所在地融资渠道多元化程度
	Q16	16. 您企业所在地行政部门对市场违法行为打击的效果
	Q17	17. 您认为您企业所在地的新兴产业和高新技术企业的发展
	Q18	18. 您企业所在地鼓励创新、宽容失败的社会氛围
	Q19	19. 您企业所在市（州）高校研究机构对贵公司的技术支持力度
	Q20	20. 您企业所在地对不正当竞争行为和失信行为的打击力度
政务效率与组织公平	Q25	25. 您是否同意您企业所在地行政部门的相关政策具有良好的稳定性和持续性
	Q26	26. 您是否同意您企业所在地行政部门间的相互合作提高了项目审批的效率
	Q27	27. 您是否同意您企业所在地的营商环境推动了企业内部程序的优化
	Q28	28. 您是否同意您企业所在地的营商环境促进了企业分配制度的公平与优化
	Q29	29. 您是否同意您企业所在地的营商环境促进了企业对员工提供了足够的支持与帮助
	Q30	30. 您是否同意您企业所在地的营商环境促进了领导与员工进行了及时的信息沟通
组织绩效	Q31	31. 相比于其他市（州），您企业所在地的营商环境对本企业扩大市场份额具有
	Q32	32. 相比于其他市（州），您企业所在地的营商环境对本企业实现更高的销售增长率具有
	Q33	33. 相比于其他市（州），您企业所在地的营商环境对本企业实现更高的投资回报率具有
生产要素	Q2	2. 您企业所在地雇用工人，尤其是雇用高技术人才的困难程度
	Q3	3. 您所在企业人员的流失率（离职率）
	Q5	5. 您对企业所在地的基础设施及配套建设满足企业经营发展的满意程度

　　通过对修正后科研绩效评价模型的分析，可知各项适配性指标大部分都达到了要求，说明修正后的模型与真实数据间适配性相对较好，可以以

此构建指标体系。总体绩效评价模型的路径分析如图 4 - 11 所示，模型拟合指标统计表如表 4 - 34 所示。

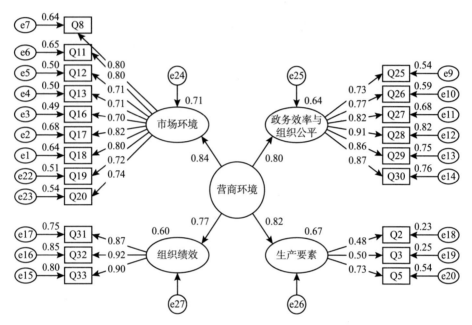

图 4 - 11　总体绩效评价模型的路径分析

表 4 - 34　　　　　　　　　　模型拟合指标统计

Model	NFI Delta1	RFI rho1	IFI Delta2	TLI rho2	CFI	RMSEA
Default model	0. 869	0. 852	0. 920	0. 908	0. 919	0. 080
Saturated model	1		1		1	
Independence model	0	0	0	0	0	0. 265

4.3.3　指标权重设置

以上本书已经构建了营商环境评价模型，但是各维度权重大小并未给出，以下将通过对修正后的营商环境评价模型进行因子分析，得到各因子的载荷大小，以此判定权重大小。

在权重确定过程中，整个测量模型中的数值表达称为绝对权重，同层各个指标之间的数值称为相对权重。在权重确定中常用的方法有因子分析、层次分析及回归分析等方法。结合本书内容为营商环境评价体系模型建立，本书采用程序简洁，结果科学、合理，能够直接反映各层级指标之间的关系的因子分析法进行评价体系权重确定。因子分析确定评价体系模型各指标的权重，意在将复杂、多元的变量简化为少数几个综合指标进行测量，通过旋转矩阵分析确定各指标与各维度之间的关系，将确定归属关系的指标和维度带入 Amos 26.0 中进行验证性因子分析，确定各指标的相对权重。

市场环境、政务效率与组织公平、组织绩效、生产要素四维度的指标权重使用主成分分析法确定，以下给出修订后各因子的主成分分析表，如表 4 – 35 所示。

表 4 – 35　　　　　　　　　　　　　总方差解释

成分	初始特征值			提取载荷平方和			旋转载荷平方和		
	总计	方差%	累积%	总计	方差%	累积%	总计	方差%	累积%
1	10.144	48.305	48.305	10.144	48.305	48.305	5.347	25.463	25.463
2	2.136	10.173	58.478	2.136	10.173	58.478	4.538	21.611	47.073
3	1.263	6.015	64.493	1.263	6.015	64.493	2.855	13.594	60.667
4	1.041	4.955	69.448	1.041	4.955	69.448	1.844	8.781	69.448

注：提取方法：主成分分析法。

由表 4 – 35 可知，4 个主成分因子的累积贡献率为 69.448%，各主成分的贡献率分别为 48.305%、10.173%、6.015%、4.955%。说明该模型 4 维度能有效解释整体模型。

因此，关于市场环境、政务效率与组织公平、组织绩效、生产要素四维度的二级指标权重构建如表 4 - 36 所示。

表 4 - 36　　　　　　　　　　　四维度绝对权重

对应路径	贡献率	绝对权重
市场环境	48.305	48.31%
政务效率与组织公平	10.173	10.17%
组织绩效	6.015	6.02%
生产要素	4.955	4.96%

三级指标权重采用验证性因子分析，具体结果如表 4 - 37 和图 4 - 12 所示。

表 4 - 37　　　　　　　　　　　三级指标因子载荷

			Estimate				Estimate
Q18	<---	市场环境	0.907	Q29	<---	政务效率与组织公平	0.924
Q17	<---	市场环境	0.898	Q30	<---	政务效率与组织公平	0.928
Q16	<---	市场环境	0.809	Q33	<---	组织绩效	0.932
Q13	<---	市场环境	0.816	Q32	<---	组织绩效	0.949
Q12	<---	市场环境	0.818	Q31	<---	组织绩效	0.911
Q11	<---	市场环境	0.886	Q2	<---	生产要素	0.594
Q8	<---	市场环境	0.882	Q3	<---	生产要素	0.593
Q25	<---	政务效率与组织公平	0.877	Q5	<---	生产要素	0.811
Q26	<---	政务效率与组织公平	0.864	Q19	<---	市场环境	0.823
Q27	<---	政务效率与组织公平	0.898	Q20	<---	市场环境	0.840
Q28	<---	政务效率与组织公平	0.948				

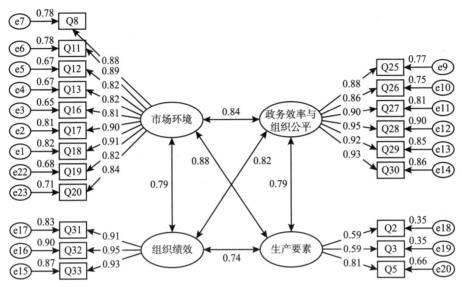

图 4 – 12   三级指标验证性因子分析

综上分析结果以下给出三级指标与二级指标的具体权重，如表 4 – 38 所示。

表 4 – 38   各指标权重确立

指标	二级指标	三级指标	编号	因子载荷系数	三级指标相对权重	三级指标绝对权重
营商环境	市场环境 0.69556	18. 您企业所在地鼓励创新、宽容失败的社会氛围	Q18	0.907	0.118	0.082
		17. 您认为您企业所在地的新兴产业和高新技术企业的发展	Q17	0.898	0.117	0.081
		16. 您企业所在地行政部门对市场违法行为打击的效果	Q16	0.809	0.105	0.073
		13. 您认为您企业所在地融资渠道多元化程度	Q13	0.816	0.106	0.074
		12. 您认为您企业在企业所在地银行获得融资的成本（包括手续费、利息费用）	Q12	0.818	0.107	0.074

指标	二级指标	三级指标	编号	因子载荷系数	三级指标相对权重	三级指标绝对权重
营商环境	市场环境 0.69556	11. 您对您企业所在地提供的知识产权管理与公共服务的满意程度	Q11	0.886	0.115	0.080
		8. 您对您企业所在地政府的人才引进力度的满意程度	Q8	0.882	0.115	0.080
		19. 您企业所在市（州）高校研究机构对贵公司的技术支持力度	Q19	0.823	0.107	0.075
		20. 您企业所在地对不正当竞争行为和失信行为的打击力度	Q20	0.840	0.109	0.076
	政务效率与组织公平 0.14648	25. 您是否同意您企业所在地行政部门的相关政策具有良好的稳定性和持续性	Q25	0.877	0.161	0.024
		26. 您是否同意您企业所在地行政部门间的相互合作提高了项目审批的效率	Q26	0.864	0.159	0.023
		27. 您是否同意您企业所在地的营商环境推动了企业内部程序的优化	Q27	0.898	0.165	0.024
		28. 您是否同意您企业所在地的营商环境促进了企业分配制度的公平与优化	Q28	0.948	0.174	0.026
		29. 您是否同意您企业所在地的营商环境促进了企业对员工提供了足够的支持与帮助	Q29	0.924	0.170	0.025
		30. 您是否同意您企业所在地的营商环境促进了领导与员工进行了及时的信息沟通	Q30	0.928	0.171	0.025

指标	二级指标	三级指标	编号	因子载荷系数	三级指标相对权重	三级指标绝对权重
营商环境	组织绩效 0.08661	33. 相比于其他市（州），您企业所在地的营商环境对本企业实现更高的投资回报率具有	Q33	0.932	0.334	0.029
		32. 相比于其他市（州），您企业所在地的营商环境对本企业实现更高的销售增长率具有	Q32	0.949	0.340	0.029
		31. 相比于其他市（州），您企业所在地的营商环境对本企业扩大市场份额具有	Q31	0.911	0.326	0.028
	生产要素 0.07135	2. 您企业所在地雇用工人，尤其是雇用高技术人才的困难程度	Q2	0.594	0.297	0.021
		3. 您所在企业人员的流失率（离职率）	Q3	0.593	0.297	0.021
		5. 您对企业所在地的基础设施及配套建设满足企业经营发展的满意程度	Q5	0.811	0.406	0.029

综上所示，在二级指标权重中，市场环境占比最大，生产要素占比最小，而三级指标权重，可根据企业类型和企业所在地进行参考。以上是整体数据的权重设置，以下分别给出贵州省不同企业类型和企业所在地的权重设置。

（一）企业类型指标权重

（1）企业类型—国有企业。

国有企业因子分析，采用方法同上述一样。相关数据如表4 – 39 至表4 – 41 所示。

表4-39 国有企业总方差解释

成分	初始特征值			提取载荷平方和			旋转载荷平方和		
	总计	方差%	累积%	总计	方差%	累积%	总计	方差%	累积%
1	10.994	52.355	52.355	10.994	52.355	52.355	5.462	26.010	26.01
2	2.013	9.587	61.941	2.013	9.587	61.941	4.798	22.847	48.857
3	1.475	7.022	68.963	1.475	7.022	68.963	3.155	15.025	63.882
4	1.006	4.793	73.756	1.006	4.793	73.756	2.074	9.874	73.756

注：提取方法：主成分分析法。

表4-40 国有企业三级指标因子载荷

			Estimate				Estimate
Q18	<---	市场环境	0.817	Q27	<---	政务效率与组织公平	0.815
Q17	<---	市场环境	0.853	Q28	<---	政务效率与组织公平	0.936
Q16	<---	市场环境	0.759	Q29	<---	政务效率与组织公平	0.902
Q13	<---	市场环境	0.726	Q30	<---	政务效率与组织公平	0.905
Q12	<---	市场环境	0.721	Q33	<---	组织绩效	0.909
Q11	<---	市场环境	0.845	Q32	<---	组织绩效	0.912
Q8	<---	市场环境	0.842	Q31	<---	组织绩效	0.92
Q19	<---	市场环境	0.746	Q2	<---	生产要素	0.534
Q20	<---	市场环境	0.796	Q3	<---	生产要素	0.538
Q25	<---	政务效率与组织公平	0.755	Q5	<---	生产要素	0.77
Q26	<---	政务效率与组织公平	0.804				

表4-41 国有企业各指标权重确立

一级指标	二级指标	三级指标	对应编号	因子载荷系数	三级指标相对权重	三级指标绝对权重
营商环境	市场环境 0.70983	18. 您企业所在地鼓励创新、宽容失败的社会氛围	Q18	0.817	0.115	0.082

续表

一级指标	二级指标	三级指标	对应编号	因子载荷系数	三级指标相对权重	三级指标绝对权重
营商环境	市场环境 0.70983	17. 您认为您企业所在地的新兴产业和高新技术企业的发展	Q17	0.853	0.120	0.085
		16. 您企业所在地行政部门对市场违法行为打击的效果	Q16	0.759	0.107	0.076
		13. 您认为您企业所在地融资渠道多元化程度	Q13	0.726	0.102	0.073
		12. 您认为您企业在企业所在地银行获得融资的成本（包括手续费、利息费用）	Q12	0.721	0.101	0.072
		11. 您对您企业所在地提供的知识产权管理与公共服务的满意程度	Q11	0.845	0.119	0.084
		8. 您对您企业所在地政府的人才引进力度的满意程度	Q8	0.842	0.119	0.084
		19. 您企业所在市（州）高校研究机构对贵公司的技术支持力度	Q19	0.746	0.105	0.075
		20. 您企业所在地对不正当竞争行为和失信行为的打击力度	Q20	0.796	0.112	0.080
	政务效率与组织公平 0.12998	25. 您是否同意您企业所在地行政部门的相关政策具有良好的稳定性和持续性	Q25	0.755	0.148	0.019
		26. 您是否同意您企业所在地行政部间的相互合作提高了项目审批的效率	Q26	0.804	0.157	0.020
		27. 您是否同意您企业所在地的营商环境推动了企业内部程序的优化	Q27	0.815	0.159	0.021
		28. 您是否同意您企业所在地的营商环境促进了企业分配制度的公平与优化	Q28	0.936	0.183	0.024

一级指标	二级指标	三级指标	对应编号	因子载荷系数	三级指标相对权重	三级指标绝对权重
营商环境	政务效率与组织公平 0.12998	29. 您是否同意您企业所在地的营商环境促进了企业对员工提供了足够的支持与帮助	Q29	0.902	0.176	0.023
		30. 您是否同意您企业所在地的营商环境促进了领导与员工进行了及时的信息沟通	Q30	0.905	0.177	0.023
	组织绩效 0.0952	33. 相比于其他市（州），您企业所在地的营商环境对本企业实现更高的投资回报率具有	Q33	0.909	0.332	0.032
		32. 相比于其他市（州），您企业所在地的营商环境对本企业实现更高的销售增长率具有	Q32	0.912	0.333	0.032
		31. 相比于其他市（州），您企业所在地的营商环境对本企业扩大市场份额具有	Q31	0.920	0.336	0.032
	生产要素 0.06498	2. 您企业所在地雇用工人，尤其是雇用高技术人才的困难程度	Q2	0.534	0.290	0.019
		3. 您所在企业人员的流失率（离职率）	Q3	0.538	0.292	0.019
		5. 您对企业所在地的基础设施及配套建设满足企业经营发展的满意程度	Q5	0.770	0.418	0.027

（2）企业类型—民营企业。

民营企业因子分析如表4-42至表4-44所示。

表 4 - 42   民营企业总方差解释

成分	初始特征值			提取载荷平方和			旋转载荷平方和		
	总计	方差 %	累积 %	总计	方差 %	累积 %	总计	方差 %	累积 %
1	8.422	40.106	40.106	8.422	40.106	40.106	5.633	26.822	26.822
2	2.731	13.005	53.111	2.731	13.005	53.111	3.921	18.670	45.492
3	1.596	7.601	60.712	1.596	7.601	60.712	2.970	14.142	59.634
4	1.363	6.492	67.204	1.363	6.492	67.204	1.590	7.570	67.204

注：提取方法：主成分分析法。

表 4 - 43   民营企业三级指标因子载荷

			Estimate				Estimate
Q18	<---	市场环境	0.742	Q27	<---	政务效率与组织公平	0.884
Q17	<---	市场环境	0.739	Q28	<---	政务效率与组织公平	0.848
Q16	<---	市场环境	0.578	Q29	<---	政务效率与组织公平	0.754
Q13	<---	市场环境	0.653	Q30	<---	政务效率与组织公平	0.801
Q12	<---	市场环境	0.72	Q33		组织绩效	0.902
Q11	<---	市场环境	0.743	Q32	<---	组织绩效	0.973
Q8	<---	市场环境	0.697	Q31		组织绩效	0.736
Q19	<---	市场环境	0.582	Q2	<---	生产要素	0.374
Q20	<---	市场环境	0.57	Q3	<---	生产要素	0.518
Q25	<---	政务效率与组织公平	0.723	Q5	<---	生产要素	0.764
Q26	<---	政务效率与组织公平	0.757				

表 4 - 44   民营企业各指标权重确立

指标	二级指标	三级指标	对应编号	因子载荷系数	三级指标相对权重	三级指标绝对权重
营商环境	市场环境 0.59678	18. 您企业所在地鼓励创新、宽容失败的社会氛围	Q18	0.742	0.123	0.074

指标	二级指标	三级指标	对应编号	因子载荷系数	三级指标相对权重	三级指标绝对权重
营商环境	市场环境 0.59678	17. 您认为您企业所在地的新兴产业和高新技术企业的发展	Q17	0.739	0.123	0.073
		16. 您企业所在地行政部门对市场违法行为打击的效果	Q16	0.578	0.096	0.057
		13. 您认为您企业所在地融资渠道多元化程度	Q13	0.653	0.108	0.065
		12. 您认为您企业在企业所在地银行获得融资的成本（包括手续费、利息费用）	Q12	0.720	0.120	0.071
		11. 您对您企业所在地提供的知识产权管理与公共服务的满意程度	Q11	0.743	0.123	0.074
		8. 您对您企业所在地政府的人才引进力度的满意程度	Q8	0.697	0.116	0.069
		19. 您企业所在市（州）高校研究机构对贵公司的技术支持力度	Q19	0.582	0.097	0.058
		20. 您企业所在地对不正当竞争行为和失信行为的打击力度	Q20	0.570	0.095	0.056
	政务效率与组织公平 0.19352	25. 您是否同意您企业所在地行政部门的相关政策具有良好的稳定性和持续性	Q25	0.723	0.152	0.029
		26. 您是否同意您企业所在地行政部间的相互合作提高了项目审批的效率	Q26	0.757	0.159	0.031
		27. 您是否同意您企业所在地的营商环境推动了企业内部程序的优化	Q27	0.884	0.185	0.036
		28. 您是否同意您企业所在地的营商环境促进了企业分配制度的公平与优化	Q28	0.848	0.178	0.034

指标	二级指标	三级指标	对应编号	因子载荷系数	三级指标相对权重	三级指标绝对权重
营商环境	政务效率与组织公平 0.19352	29. 您是否同意您企业所在地的营商环境促进了企业对员工提供了足够的支持与帮助	Q29	0.754	0.158	0.031
		30. 您是否同意您企业所在地的营商环境促进了领导与员工进行了及时的信息沟通	Q30	0.801	0.168	0.033
	组织绩效 0.1131	33. 相比于其他市（州），您企业所在地的营商环境对本企业实现更高的投资回报率具有	Q33	0.902	0.345	0.039
		32. 相比于其他市（州），您企业所在地的营商环境对本企业实现更高的销售增长率具有	Q32	0.973	0.373	0.042
		31. 相比于其他市（州），您企业所在地的营商环境对本企业扩大市场份额具有	Q31	0.736	0.282	0.032
	生产要素 0.0966	2. 您企业所在地雇用工人，尤其是雇用高技术人才的困难程度	Q2	0.374	0.226	0.022
		3. 您所在企业人员的流失率（离职率）	Q3	0.518	0.313	0.030
		5. 您对企业所在地的基础设施及配套建设满足企业经营发展的满意程度	Q5	0.764	0.461	0.045

（二）企业所在地指标权重

（1）省会城市指标权重。

省会城市企业因子分析如表 4-45 至表 4-48 所示。

表 4 – 45 省会城市企业总方差解释

成分	初始特征值			提取载荷平方和			旋转载荷平方和		
	总计	方差%	累积%	总计	方差%	累积%	总计	方差%	累积%
1	9.927	47.273	47.273	9.927	47.273	47.273	5.461	26.004	26.004
2	2.372	11.297	58.570	2.372	11.297	58.570	4.603	21.918	47.922
3	1.237	5.893	64.463	1.237	5.893	64.463	2.665	12.691	60.613
4	1.029	4.901	69.364	1.029	4.901	69.364	1.838	8.751	69.364

注：提取方法：主成分分析法。

表 4 – 46 省会城市企业四维度绝对权重

对应路径	贡献率	绝对权重
市场环境	47.273	0.68153
政务效率与组织公平	11.297	0.16286
组织绩效	5.893	0.08496
生产要素	4.901	0.07065

表 4 – 47 省会城市企业三级指标因子载荷

			Estimate				Estimate
Q18	<---	市场环境	0.801	Q27	<---	政务效率与组织公平	0.802
Q17	<---	市场环境	0.800	Q28	<---	政务效率与组织公平	0.894
Q16	<---	市场环境	0.725	Q29	<---	政务效率与组织公平	0.887
Q13	<---	市场环境	0.751	Q30	<---	政务效率与组织公平	0.869
Q12	<---	市场环境	0.709	Q33	<---	组织绩效	0.873
Q11	<---	市场环境	0.795	Q32	<---	组织绩效	0.905
Q8	<---	市场环境	0.785	Q31	<---	组织绩效	0.856
Q19	<---	市场环境	0.718	Q2	<---	生产要素	0.435
Q20	<---	市场环境	0.762	Q3	<---	生产要素	0.486
Q25	<---	政务效率与组织公平	0.750	Q5	<---	生产要素	0.741
Q26	<---	政务效率与组织公平	0.735				

表 4 – 48 省会城市企业各指标权重确立

指标	二级指标	三级指标	对应编号	因子载荷系数	三级指标相对权重	三级指标绝对权重
营商环境	市场环境 0.6815	18. 您企业所在地鼓励创新、宽容失败的社会氛围	Q18	0.801	0.117	0.081
		17. 您认为您企业所在地的新兴产业和高新技术企业的发展	Q17	0.800	0.117	0.081
		16. 您企业所在地行政部门对市场违法行为打击的效果	Q16	0.725	0.106	0.073
		13. 您认为您企业所在地融资渠道多元化程度	Q13	0.751	0.110	0.076
		12. 您认为您企业在企业所在地银行获得融资的成本（包括手续费、利息费用）	Q12	0.709	0.104	0.072
		11. 您对您企业所在地提供的知识产权管理与公共服务的满意程度	Q11	0.795	0.116	0.080
		8. 您对您企业所在地政府的人才引进力度的满意程度	Q8	0.785	0.115	0.079
		19. 您企业所在市（州）高校研究机构对贵公司的技术支持力度	Q19	0.718	0.105	0.072
		20. 您企业所在地对不正当竞争行为和失信行为的打击力度	Q20	0.762	0.111	0.077
	政务效率与组织公平 0.1629	25. 您是否同意您企业所在地行政部门的相关政策具有良好的稳定性和持续性	Q25	0.750	0.152	0.022
		26. 您是否同意您企业所在地行政部门间的相互合作提高了项目审批的效率	Q26	0.735	0.149	0.022
		27. 您是否同意您企业所在地的营商环境推动了企业内部程序的优化	Q27	0.802	0.162	0.024

指标	二级指标	三级指标	对应编号	因子载荷系数	三级指标相对权重	三级指标绝对权重
营商环境	政务效率与组织公平 0.1629	28. 您是否同意您企业所在地的营商环境促进了企业分配制度的公平与优化	Q28	0.894	0.181	0.027
		29. 您是否同意您企业所在地的营商环境促进了企业对员工提供了足够的支持与帮助	Q29	0.887	0.180	0.026
		30. 您是否同意您企业所在地的营商环境促进了领导与员工进行了及时的信息沟通	Q30	0.869	0.176	0.026
	组织绩效 0.0850	33. 相比于其他市（州），您企业所在地的营商环境对本企业实现更高的投资回报率具有	Q33	0.873	0.331	0.031
		32. 相比于其他市（州），您企业所在地的营商环境对本企业实现更高的销售增长率具有	Q32	0.905	0.344	0.033
		31. 相比于其他市（州），您企业所在地的营商环境对本企业扩大市场份额具有	Q31	0.856	0.325	0.031
	生产要素 0.0707	2. 您企业所在地雇用工人，尤其是雇用高技术人才的困难程度	Q2	0.435	0.262	0.018
		3. 您所在企业人员的流失率（离职率）	Q3	0.486	0.292	0.020
		5. 您对企业所在地的基础设施及配套建设满足企业经营发展的满意程度	Q5	0.741	0.446	0.030

（2）非省会城市指标权重。

非省会城市企业因子分析如表4-49至表4-51所示。

表 4-49 非省会城市企业总方差解释

成分	初始特征值			提取载荷平方和			旋转载荷平方和		
	总计	方差%	累积%	总计	方差%	累积%	总计	方差%	累积%
1	10.368	49.372	49.372	10.368	49.372	49.372	4.643	22.110	22.110
2	2.205	10.499	59.871	2.205	10.499	59.871	4.629	22.045	44.155
3	1.422	6.770	66.641	1.422	6.770	66.641	3.784	18.020	62.175
4	1.014	4.830	71.472	1.014	4.830	71.472	1.952	9.297	71.472

注：提取方法：主成分分析法。

表 4-50 非省会城市企业三级指标因子载荷

			Estimate				Estimate
Q18	<---	市场环境	0.781	Q29	<---	政务效率与组织公平	0.810
Q17	<---	市场环境	0.875	Q30	<---	政务效率与组织公平	0.878
Q16	<---	市场环境	0.676	Q33	<---	组织绩效	0.918
Q13	<---	市场环境	0.580	Q32	<---	组织绩效	0.950
Q12	<---	市场环境	0.694	Q31	<---	组织绩效	0.899
Q11	<---	市场环境	0.806	Q2	<---	生产要素	0.575
Q8	<---	市场环境	0.816	Q3	<---	生产要素	0.563
Q25	<---	政务效率与组织公平	0.688	Q5	<---	生产要素	0.639
Q26	<---	政务效率与组织公平	0.829	Q19	<---	市场环境	0.657
Q27	<---	政务效率与组织公平	0.861	Q20	<---	市场环境	0.673
Q28	<---	政务效率与组织公平	0.935				

表 4-51 非省会城市企业各指标权重确立

指标	二级指标	三级指标	对应编号	因子载荷系数	三级指标相对权重	三级指标绝对权重
营商环境	市场环境 0.6908	18. 您企业所在地鼓励创新、宽容失败的社会氛围	Q18	0.781	0.119	0.082

指标	二级指标	三级指标	对应编号	因子载荷系数	三级指标相对权重	三级指标绝对权重
营商环境	市场环境 0.6908	17. 您认为您企业所在地的新兴产业和高新技术企业的发展	Q17	0.875	0.133	0.092
		16. 您企业所在地行政部门对市场违法行为打击的效果	Q16	0.676	0.103	0.071
		13. 您认为您企业所在地融资渠道多元化程度	Q13	0.580	0.088	0.061
		12. 您认为您企业在企业所在地银行获得融资的成本（包括手续费、利息费用）	Q12	0.694	0.106	0.073
		11. 您对您企业所在地提供的知识产权管理与公共服务的满意程度	Q11	0.806	0.123	0.085
		8. 您对您企业所在地政府的人才引进力度的满意程度	Q8	0.816	0.124	0.086
		19. 您企业所在市（州）高校研究机构对贵公司的技术支持力度	Q19	0.657	0.100	0.069
		20. 您企业所在地对不正当竞争行为和失信行为的打击力度	Q20	0.673	0.103	0.071
	政务效率与组织公平 0.1469	25. 您是否同意您企业所在地行政部门的相关政策具有良好的稳定性和持续性	Q25	0.688	0.138	0.020
		26. 您是否同意您企业所在地行政部门间的相互合作提高了项目审批的效率	Q26	0.829	0.166	0.024
		27. 您是否同意您企业所在地的营商环境推动了企业内部程序的优化	Q27	0.861	0.172	0.025
		28. 您是否同意您企业所在地的营商环境促进了企业分配制度的公平与优化	Q28	0.935	0.187	0.027

续表

指标	二级指标	三级指标	对应编号	因子载荷系数	三级指标相对权重	三级指标绝对权重
营商环境	政务效率与组织公平 0.1469	29. 您是否同意您企业所在地的营商环境促进了企业对员工提供了足够的支持与帮助	Q29	0.810	0.162	0.024
		30. 您是否同意您企业所在地的营商环境促进了领导与员工进行了及时的信息沟通	Q30	0.878	0.176	0.026
	组织绩效 0.09472	33. 相比于其他市（州），您企业所在地的营商环境对本企业实现更高的投资回报率具有	Q33	0.918	0.332	0.031
		32. 相比于其他市（州），您企业所在地的营商环境对本企业实现更高的销售增长率具有	Q32	0.950	0.343	0.033
		31. 相比于其他市（州），您企业所在地的营商环境对本企业扩大市场份额具有	Q31	0.899	0.325	0.031
	生产要素 0.06758	2. 您企业所在地雇用工人，尤其是雇用高技术人才的困难程度	Q2	0.575	0.324	0.022
		3. 您所在企业人员的流失率（离职率）	Q3	0.563	0.317	0.021
		5. 您对企业所在地的基础设施及配套建设满足企业经营发展的满意程度	Q5	0.639	0.360	0.024

第5章
营商环境优化的驱动力研究

我国营商环境的改善与优化所取得的成绩的原因主要归为五个要素：第一，开展地方政策试验；第二，强大的执行力及结果问责制；第三，民营企业的广泛参与；第四，数字技术和电子政务服务的推广与运用；第五，国际交流。

5.1 开展地方政策试验

在我国政府的正确指导之下，地方政府通过颁布有针对性的符合地方发展的营商环境优化与改革政策，从而激发当地的企业的活力，为企业的经营发展注入新的发展动能。早在 2017 年，我国国家领导人就多次强调要在特大城市或者一线城市如北上广深首先提高对于营商环境的改革力度，并在 2019 年从这些城市的经验中进行复制，向二线城市推广。

2020 年，随着新冠肺炎疫情来袭，我国中小企业创新发展艰难，需要定位为市场环境保护改革注入的新动力，积极对标全球市场领先技术水平，改进市场服务，提升创新与全球化经营发展环境。2021 年初，通过听取新《优化营商环境条例》的执行状况及第三方评估结果，在去年极端经济困难条件下新设市场 2000 多万户企业，在营商环境不断好转的条件下，市场活力将出现高度恢复。

2021 年初，为了持续优化营商环境在法制环境下的合理程度，新的任务书——《法治政府建设实施纲要（2021—2025 年）》出台。及后各地方也相继发布升级措施，包含简化并高效审批环节、扩大市场准入界限、缩减政策性成本输出、降低市场主体的重担、创立公平的市场交易环境等。在 2021 年 1~7 月，陕西省注册登记了 52.78 万家新型民营企业，市场主体总量为 463.83 万家，同比上升了 12.04%。至 7 月底，贵州省市场主体总量为 372.9 万户，同比增长了 15.71%。

2021 年之后，我国将部署政策与措施，不断优化社会营商环境。2 月举行的国务院常务会议，专注于打通执行堵点、提高营商环境法治化管理水平。6 月召开的座谈会中，提出深化"放管服"改革，进一步优化营商环境，持续推进双创。

5.2　强大的执行力及结果问责制

我国在过去数年内，迅速密集地出台了营商环境改革措施，这得归功于如下三点主要原因：第一，中央政府和地方政府的执行力；第二，有效的沟通协调机制；第三，与制度相适配的绩效激励体系

5.2.1　中央政府和地方政府的执行力

中央政府与地方二级人民政府都具有坚强的观念、组织与执行力量。在世界银行的调查指标以及全球治理指标当中，中国政府的运作效率相较于其他的中等收入国家和地区往往更高，并且相较于经济合作与发展组织高收入的国家没有很明显的差距。

而政府高效的运转和选拔与制度具有极强的联系，每年都以年底的绩效作为考核的依据。并且高层次领导往往有着大量的学术和行政经验与经

历。对于政府工作人员的选拔与晋升是基于中国长期以来的选拔体系与制度。并且，公务员在社会上具有很高的认可度，其岗位对于青年人具有较高的吸引力。我国每年都有大量的人员申报参加国家公务员招考。2015～2020 年国考招录情况与竞争比例，汇总如表 5 - 1 所示。

表 5 - 1　　　　　　　　2015～2020 年国考招录情况和竞争比汇总

年份	招录职位（个）	招录人数（个）	审核通过（万人）	平均竞争比
2015	13 474	22 248	140.9	63
2016	15 669	27 817	139.5	50
2017	15 583	27 061	148.6	55
2018	16 144	28 533	166	58
2019	9 657	14 537	137.9	95
2020	13 849	24 128		

5.2.2　有效的沟通协调机制

2018 年 7 月，国务院决定将国务院推进职能转变协调小组的名称改为国务院推进政府职能转变和"放管服"改革协调小组（以下简称"协调小组"），其主要职能包括协调拟定并执行国家重大综合改革政策措施，落实国务院常务会议审议的有关重大事宜，协调解决有关重难点问题，督促中央落实各地区综合改革政策措施。协调小组下设了 5 个专题组，依次是精简行政审批组、优化营商环境组、激励创业创新组、深化商事制度改革组、改善社会服务组（见图 5 - 1）。另外，协调小组还下设 4 个保障小组：（1）综合组，承担协调小组及办事机构的日常管理工作；（2）法制组，主要负责在严格规范的法制环境中对有关改革措施进行评估，并适时提交相应的立法调整意见；（3）督查组，负责督促检查认真落实情况，收集地方和社会各界对相关改革反应强烈的问题；（4）专家组，进行理论研讨，进行政策咨询服务，对重大改革项目开展第三方评价。

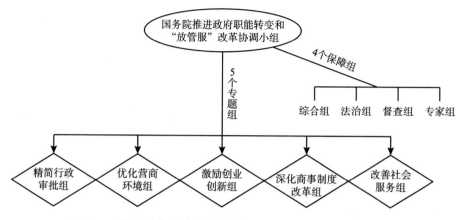

图 5-1　国务院推进政府职能转变和"放管服"改革协调小组

以习近平总书记新时代的中国特色发展理念为引领，根据中央总书记会议精髓，把推动"放管服"变革进一步优化经营发展环境，当作现阶段推动我国经济治理体系现代性和信息化水平建设的重大举措，加强"六稳"工作强有力抓手，坚持新发展理念，深入推进权政改革，严格控制整个事务进度的各项事宜，加快构建新型财政政权，努力对标国际营商环境，促进社会持续健康发展。

2020 年 7 月，在国务院领导下，为了健全优化政府营商环境发展体制，由地方政府组织并加快负责完善各项政策的评估体系；并通过由国务院有关部门和单位以及各地方政府的分管负责人，牵头完善常态化政企协调联动的机制；围绕各地区的发展要求，各地区、各部门创新推进更多务实的优良政策，落实相关政策要求。在相关改革措施和法律法规的牵扯下，按照重大改革的相关要求，推定评估相关法律法规的适用程度。为加强对"放管服"改革政策落地和接近优良营商环境的目标，国务院办公厅为加大对各项事务的实施力度，以保障政策落地见成效。

到 2021 年 2 月，将坚持按照公平准入、公开监督、公开有序、诚实守法的原则，进一步落实中共十九届五中全会精髓，进一步促进《优化营商环境条例》落实，进一步加大政府各领域在投标招标领域的鱼龙混杂现象整治力度，维护市场竞争有序，在现阶段将通过"放管服"方式探索完善政府营商环境和安排在招标投标领域的政府营商环境长效机制。

5.2.3 与制度相适配的绩效激励体系

在 20 世纪 90 年代，我国引入了针对政府官员的绩效管理系统，并构建了目标责任制。该系统自上而下逐级设定目标，并且对目标的实现提出要求，将目标量化和详细化，与不同级别的绩效评估相联系，这对于中央政府影响和指导地方政府能力起到了提升的作用。

2019 年，国务院派出由部长级官员带领的检查组走访了 16 个省、市、自治区，督察包括减税降费、营商环境改革和促进创新等领域的改革进展。[①] 督察发现的问题会通报给相关机构进行纠正，而表现不佳的领导会受到纪律处分。[②] 国务院会在其网站上公示督察中发现的渎职行为并通报批评，也会对良好的改革做法进行公示表扬。

财政部会与其他有关中央政府机构一起，每年对北京和上海就《营商环境报告》指标领域的改革进展进行检查。检查通常在没有事先通知的情况下进行，并采用"实地检查体验"的方式，之后检查组会给北京和上海及有关机构提供检查报告，其中重点总结了检查发现的问题，并敦促相关机构采取整改措施。

北京也有一套自上而下的监测评估体系来确保改革议程的有效实施。该体系包括定期进度报告（自 2019 年以来为每周进度报告）、随机抽查和实地考察。北京市同时聘请了第三方机构就公众和企业对营商环境的满意度进行调查。这些进度检查过程发现的所有问题都会被记录和讨论，并落实到相关机构采取进一步行动，同时设定完成时间表。

[①] 国务院，http：//www. gov. cn/zhengce/2019 – 10/24/content_5444426. htm.

[②] 国务院，http：//www. gov. cn/guowuyuan/2019 – 11/12/content_5450989. htm.

世界上许多国家都推出了激励措施，鼓励公职人员积极落实营商环境改革，中国也不例外。在过去几年中，营商环境的改革成效已成为相关负责机构和公职人员绩效评估的重要组成部分。例如，在对公职人员个人进行年度绩效评估时，一般情况下只有不超过一定比例的少数人员才能获得优秀评价，在 2018～2019 年，很多在北京的营商环境改革工作中表现突出的工作人员都获得了这一评价及其他荣誉。此外，鉴于营商环境改革工作的重要性，许多在营商环境改革领域表现出色的公职人员都获得了提拔。

5.3　民营企业的广泛参与

在中国进行营商环境改革的过程中，与私营部门的磋商与合作不断增加，同时政府越来越意识到，营商环境改革应当围绕私营部门的实际需求进行。正如上海市高层领导指出的"营商环境好不好，关键要看企业评判"。因此，上海市积极地让私营部门参与到营商环境改革工作中，并成立了营商环境优化提升咨询会，这在全国乃是首创。第一届咨询会由 24 名委员组成，均为来自各行各业的专家，包括外商投资企业协会、本地行业协会、工业园、律师事务所、会计师事务所、学术及研究机构、高科技行业、医疗行业及信息技术行业。咨询委员任期 2 年，可以连任。

在营商环境改革方面，北京市相关部门也越来越多地听取利益相关者的意见，满足他们的切实需求。例如，2019 年，北京市为即将推出的 3.0 版改革先后召开了 133 场专题座谈会，并听取了 1 000 多位企业代表、专家学者及其他行业代表提出的意见建议。2019 年，北京市政府部门还针对企业和律师事务所、会计师事务所和建筑师事务所等专业服务机构组织了 1 900 余场政策宣讲和培训，向他们宣讲新政策，同时听取他们的反馈意见。

改革政策还通过各种在线渠道传达给公众，包括社交媒体和手机应用程序。例如，北京市人民政府门户网站上设有专栏，内含中英文政策链接以及解释营商环境改革政策的视频。与上海一样，除政务服务门户网站外，北京还推出了"北京通"手机应用程序，微信和支付宝这两个在中国最受欢迎的多功能社交应用程序也可以申请公共服务，这些移动渠道提供与门户网站类似的在线电子政务服务。目前可以在线或通过"北京通"、微信和支付宝等移动应用程序进行申请办理600多项公共服务。

此外，北京还推出了"一对一"管家式服务，旨在直接服务企业，了解他们的需求和反馈，并以最有效的方式解决企业在经营过程中遇到的困难。在这个服务体系下，北京市发展和改革委员会作为"总管家"，统筹协调"服务包"的落实，相关行业主管部门作为"行业管家"针对企业发展诉求制定服务计划，北京市投资促进服务中心作为"服务管家"向公司提供"一对一"的服务。根据北京市政府提供的信息，截至2019年，已向1 624家企业提供了"管家服务"，其中绝大多数是外资企业或私营企业。

5.4 数字技术和电子政务服务的推广与运用

上海建立了全国第一个"一网通办"总门户，通过区块链、大数据和其他数字技术整合了全市范围内的跨机构政务服务，极大地提高了行政效率，并提升了上海的营商便利度。跨机构的数据分享历来都是制约行政效率的瓶颈，为了解决这一难题，上海于2018年开始建立大数据中心，由其牵头全市公共服务数据的整合及共享工作。大数据中心已经建成了涵盖人口统计数据、企业信息、地理信息、信用信息、电子许可数据、宏观经济数据以及其他特定指标的数据库。在大数据中心的支持下，上海随后在同年启动了政务服务"一网通办"总门户,围绕用户需求重组公共服务。推出之初,"一网通办"总门户便连接了 46 个市级政府机构、16 个区政府和 220 个街道政务服务中心。除门户网站外,上海还推出了具有相同功能的移动应用程序,注册用户可以使用该程序访问服务指南、预约办理业务、检查业务办理进度甚至进行投诉。每位个人用户或者企业注册用户(在门户网站或应用程序)都将被授予一个永久身份,用户在通过身份验证后可以访问机构通过网站共享的信息。截至 2018 年底,"一网通办"总门户已拥有约 750 万个人注册用户及将近 200 万企业注册用户,该应用程序合计拥有 1 千万注册用户。当前,所有公共服务都可在线办理,上海还利用云技术将门户网站上的管理服务数据与线下政务办公室的数据连接起来。

北京在特定领域采用了区块链技术,如财产登记和企业开办等。北京开始在海淀区试点应用区块链技术进行财产登记,允许共享 12 种数据,如人口统计数据、营业执照数据、地籍数据和诉讼数据。自 2019 年 5 月以来,海淀区已经使用区块链技术办理了 1 500 多个财产登记案件,根据政府公开的数据,每个申请文件的审核时间从 15 分钟减少到了 2 分钟。北京各家法院也越来越多地使用线上立案系统。自 2019 年以来,一般案件均可在北京法院系统官网或者通过法院的微信账户在线立案。随着 2018 年 9 月北京互联网法院的建立,与互联网相关的特定种类案件从立案到执行均可在网上完成。截至 2020 年 2 月,北京互联网法院已审结约 44 000 件案件,所有这些案件都在线立案并完整归档,其中 99.6% 的案件是在线进行庭审的。

5.5 国际交流

中国政府认为借鉴营商环境改革的国际最佳实践并进行相关国际交流

是非常重要的。

为此，2018 年 3 月，上海市人民政府、财政部联合世界银行集团在上海主办了"优化营商环境"高级别研讨会；在 2018 年和 2019 年的《营商环境报告》发布之后，北京市人民政府、财政部联合世界银行集团在北京主办了优化营商环境高级别国际会议。这些国际会议的目的是：（1）讨论北京和上海在优化营商环境方面所取得的进展；（2）与国内外其他城市分享经验教训；（3）通过分享全球营商环境改革成功者（例如俄罗斯、新西兰、韩国、英国、新加坡和日本）的经验，支持中国政府进一步优化营商环境。

每年的会议会集中讨论中国政府关心的几个重点领域，例如，开办企业、办理建筑许可、登记财产、获得信贷、办理破产和跨境贸易，但同时也会讨论其他经济体是如何进行自我组织以有效地实施改革的。

这些会议都受到了国内外政策制定者和利益相关者的广泛关注。2018 年有近 200 名人员参加了会议，2019 年约有 350 名人员参加了会议。几次会议均有来自国内外的高层官员参加，包括中国国务院副秘书长、财政部部长、北京市市长、上海市市长、世界银行行长以及俄罗斯、新西兰、韩国、新加坡、柬埔寨、越南和蒙古国的高层领导。与会者还包括中央政府代表、各地方政府的代表、外国政要和世界银行专家。会议期间，来自中国和与会经济体的代表们围绕选定专题交流了改革经验和良好做法。

此外，2018 年，在世界银行的支持下，由财政部和其他中央政府机构的决策者组成的考察团到新加坡学习优化营商环境（包括财产登记、建筑许可和纳税）的先进经验，2019 年，又组织考察团到俄罗斯学习。2014～2020 年，俄罗斯在优化营商环境方面取得了巨大成功，从《2014 年营商环境报告》的第 92 位跃升到《2020 年营商环境报告》的第 28 位。

国际金融机构也为中国借鉴经验和进行改革提供了额外的支持。例如，世界银行采取多种方式支持了中国的营商环境改革，包括及时分享政策建议，围绕营商环境改革重要领域的国际先进经验以及如何将这些经验适用于中国提供了改革备忘录、政策文件和诊断报告，并组织技术研讨会和其他活动。其他国际组织也提供了支持，如国际货币基金组织通过其年度第四条磋商提供了支持。

第6章
对策建议

6.1 全国层面建议

加大税费改革力度，持续降低制造企业的税费负担。一方面，建议各地根据地方实际，协同国家税务部门适时调整企业疫情期间享受税收优惠的期限。另一方面，加大税费改革力度，推动制造企业增值税两档并一档，实现简单透明的统一税率；对企业购置设备、研发投入等事项提高征税扣除额度，扩大税费减免范围；鼓励各地继续减少或免除行政事业性收费，并利用互联网、大数据等手段做到收费项目公开透明。

加快推进产融结合，解决中小微企业融资难、融资贵问题。加强政策引导和落实，畅通企业融资诉求渠道，建立信息共享平台，支持金融机构联合产业链中心企业，运用区块链技术将产业链上下游的数据从上至下进行衔接，加快发展基于生产运营数据的企业征信和线上快速借贷业务，增加金融机构对企业融资能力的评价维度，甄别出哪些是真正有订单、有发展潜力但短期缺乏资金的企业并给予融资，防止出现资金链断裂。

加强人才培育，破解制造业发展难题。加快发展职业教育，在制造业一般劳动力与农民工集中地建设各类非盈利性培训中心，增加传统制造领域工人掌握信息化技能培训的机会，重点在于提升传统制造领域工人的信息化技能。在人口数量众多、教育资源紧缺的地区，如河南、河北、贵州、广西及江西等地，新设（或扩建）国家级技术型大学，将传统的"人口红利"转变为"工程师红利"，不仅要在人口数量上占优势，更要占据人才制高点，培育更多的优质人才。制定差别化退休年龄政策，为延迟退休人员再就业搭建平台，释放"第二次人口红利"。

提高要素供给质量，支撑制造业持续健康发展。首先，关于社会资本进入水、石油、天然气、电力、交通、电信等领域的限制，有必要进一步地放宽，这样有利于使市场更大范围、更为有效地发挥资源配置的基础性作用，为营造国企、民企、外企公平使用生产要素和创新资源的外部环境提供便利。其次，是在土地资源约束愈发凸显的背景下，制定更加科学合理的工业用地政策。新增用地指标一定比例用于工业项目，以地均产出为导向，加大对现有土地利用效率的评价，根据评价等级进行分类施策，给予不同的税收、能源、水电等政策优惠。

以企业满意为中心，提升公共服务水平。一方面，持续提高政府工作人员能力素质和效率，制定严格、合理的行政工作指南和规范。另一方面，加快提升政府公共服务信息化水平，增加政务服务网上"一窗受理""一网通办"事项，进一步压缩制造企业开办办理时间。并且，通过定期或者不定期地在互联网平台发布制造业营商环境指数及区域营商环境排名，为企业或者区域提供一个全面认识自身营商环境的平台和途径，帮助企业建立健全企业投诉渠道和工作机制，间接督促各方齐心协力共同营造一个良好的营商环境。

6.2　贵州省营商环境优化三大方向

6.2.1　提升城市营商环境，全面客观评估是基础

城市营商环境的好坏影响着该城市对外地人才、各地企业的综合吸引

力，也是城市经济转型升级、高质量发展的综合抓手，对促进城市的综合发展具有不可忽视的作用。于企业而言，在其投资决策过程中，营商环境起到了重要的参考作用。因此，营商环境应当以服务企业投资、经营等发展全生命周期为追求，考虑到各环节中的限制因素，才能够真正实现经济社会高效运转。于政府而言，营商环境是城市竞争力的基本性决定因素与发展动力的源头，优化营商环境是激发市场活力、创新创业热情的重要路径。而切实改善营商环境的一个基本前提就是对其进行全面、客观、动态的评估与评价，才能够在此基础上寻求营商环境的重点与突破点。

首先，由于营商环境的最终服务对象是企业和人才，在评估过程中就必须从以上两个视角出发，考虑他们的实际需求，做好全局、发力点等综合设计，对营商环境作出符合实际的、全面的、客观的评估，从需求端明确其优势和短板。其次，要密切关注本地企业、人才的需求，同时放眼周边区域乃至全国的其他城市，尤其是与本地经济规模或区位优势相近的城市、城市群，通过对比发现改善本地营商环境的发力点，做到精准施策，在同类城市中提高自身的竞争力。此外，在与其他城市进行横向综合对比的同时，也要进行纵向的追溯、分析，深入研究本地营商环境的动态发展变化，重点关注其基础设施环境、要素环境、金融环境、政策环境、文化环境、人才环境和政商环境等在同一时期内的细微变化，做到有的放矢，清晰、准确地瞄准本地营商环境的历史强项，力争突破在长期发展中的瓶颈和难点，有针对性地采取措施，做到营商环境的历史性突破，切实推动贵州省经济发展环境的全面改善。

6.2.2 提升软环境，是实现经济高质量发展的突破口

数十年来的经济高速发展已经将我国各个城市明确地划分为了多个发展层次与阶段，同个阶段的城市之间往往差距不大，尤其是硬环境的差距明显收窄且有进一步同化的趋势，但其中各城市的软环境仍然存在一定的差距。而实体经济的向前发展与文化软环境的建设与稳定息息相关。贵州

省在过去的发展过程中，也对硬环境的优化与建设表现出相当的重视，积累了相当丰富、成熟的经验，实现了辉煌的成就，但在软环境的建设上仍然在不断地探索，需要进一步地强化。

根据文献研究，基础设施等硬环境虽然是经济发展的基础，但软环境与经济规模的相关性更大，即软环境的建设在经济提质增效中起到了更为关键的促进作用。从众多欧美国家的相关经验可以得知，当一个国家的工业化进程发展到一定阶段后，新经济、新技术、新业态、新模式发展离不开金融环境、创新创业环境、文化环境等软环境，软环境是不可替代的，其在经济发展中所起的作用也越来越大。在新时期物质条件逐渐丰富的背景下，尤其是高新技术、新业态等亟须的优质企业，除考虑基础设施、优惠政策等，也会更加关注城市是否具有自由开放的文化环境与社会氛围。而创新人才也会在生活环境与保障政策之外，对城市的文化氛围等软环境提出一定的要求。因此，营造"创新创业雨林"式的文化软环境，在吸引新经济企业和创新人才方面的重要性日益显现。正如李克强总理所指出的，"软硬环境都重要，硬环境要继续改善，更要在软环境建设上不断有新的突破，让企业和群众更多受益"。

6.2.3　持续改善营商环境，避免短期形式主义

营商环境的改善并非一日之功，更需要付出长期辛苦的努力，"只有更好，没有最好"。优化营商环境的核心与本质是提升地区的政策、法治、人才、创新等经济发展环境，提高生产要素质量、降低要素成本、优化要素配置，切实为企业发展创造良好的、稳定的发展环境。

近年来，即使在中国民间投资增速持续下滑的背景下，由于党中央国务院的高度重视、准确指导、深入推进，各地纷纷开展优化营商环境的专项活动，取得了良好的效果，便利化水平明显提升，相关运营成本有所降低。可我们也应当清醒地认识到，虽然提升营商便利度是优化营商环境的重要步骤，但不能将这一阶段性工作当作营商环境建设的全部。如果仅提

高个别办事效率指标，未必能够得到创新人才、创业企业、企业家和海外投资者的认可。优化营商环境更要注重其全面性、涵盖度，深入进行营商环境各方面的深层次改革，切实惠及大众，构建有益于外地企业及资本进入、本地企业发展及扩张的社会土壤。

营商环境评价指标体系的建立，面对中国经济转型与发展的时代背景，是一个必要且必需的探索与尝试，通过综合评估贵州营商环境为其他省市进行相关或类似评价提供借鉴与参考。同时我们期望能以全面客观的营商环境指标评价推动全社会对营商环境的高度重视，助力贵州省营商环境持续改善与优化，推动经济高质量发展，实现贵州省和全社会的营商环境相辅相成，共同促进。

6.3　优化贵州营商环境的政策建议

6.3.1　结合一级指标的宏观建议

从四个一级指标来看，贵州应致力于保持政务环境的优势，推动法律政策环境发展，并着力优化人文环境和市场环境。根据地区之间进行横向对比得到的结果，可以将参考省市主要划分为三个不同的时期：长期而言，可以参考处于长江下游的上海市的营商环境措施；中期而言，可以参考同处西南区域的四川、重庆的经验；短期而言，可以把同位于长江经济带的安徽省作为追赶的省份。

6.3.2　基于二级指标的策略建议

在不断深化营造公平竞争的市场进程中，贵州省应不断加强投入，给予科研机构正确的引导和恰当的激励。同时，注重企业发展中资源竞争的公平问题，让不同背景、不同资本构成的企业都能在区域内获得良好发展。以及应在清理规范中介机构的同时加以正确引导与鼓励，以提升中介组织服务意识，激发市场主体活力。在建设高效廉洁的政务环境过程中，继续保持高度廉洁、高效、亲近的政企关系，还可降低一般公共预算比重来缩减政府规模等。在建设公正透明的法律政策环境过程中，既适当提升政策透明度，更下大力气增加司法公正程度，不仅要优化司法管理体制与司法运行机制，还要提高司法行为的规范性，并不断加强对于司法活动的监督。在建设开放包容的人文环境过程中，既着力扩大对外开放水平，也要兼顾重视增强社会信用，尽快健全社会信用体系，提高市场参与者的信用意识。

6.3.3　基于三级指标的策略建议

第一，良好的市场环境可以影响市场的繁荣、有序和公平发展。优化营商环境是我国经济高质量发展与治理现代化的重要内容，构建国际一流的营商环境需要以市场为导向和目标。聚焦于市场主体保护、维护市场公平诚信、扩大对外开放、政策履行以及扶持重点产业等领域。地区之间要不断优化营商环境政策的差异与共性，能够增强政策制定的合理化、科学化，持续优化我省营商环境。对创新重视的程度提升到新的高度，努力引导社会形成良好的创新氛围和提供能够不断鼓励企业创新的优惠政策，进一步促进高校与企业的"产学结合"，打造新的增长极点。

第二，政务服务方面的政策以打造公平、公开、透明、高效的政府服务体系为目的展开，主要集中在关注简化政务办理流程、落实税收优惠、在线政务服务、优化政企沟通机制、优化区域评估制度以及政策信息公开等领域。贵州省的各个层级的政府特别是基层政府，要努力降低企业获取政策制度的成本，提高便利性，加速打造政府政策政务的公共发布平台。同时，在各部门信息分割的情况下应通过电子政务系统建设，推动非保密信息的共享，使让企业提供自证材料的过程在信息共享中解决，帮助推进各地区、各部门政务服务平台规范化、标准化，实现不同地区在线政务办理互联互通，降低企业的隐性成本。

第三，不断加大引进人才的力度，深耕人才领域政策，既要能够"引进来"，更要能够"留下来"，努力将贵州打造成为西南地区高层次人才的"福地"与"宝地"。坚持高等教育和职业教育并重。不断促进高等教育的规模的扩大和质量的不断提高，促进高教体系的不断优化和结构的科学化，为贵州发展培育更多的高质量人才。同时，要对社会化的职教体系加强重视，引导其多元化、多层次方向发展，既要发挥政府的主导作用，也要强化政府对职教体系的服务职能，倡导多地多方加强对职业院校和机构的建设，并以多种方式保障人才支撑。

第四，要不断加强对于基础设施的信息化升级与改造，不断提高基础设施的数字化、信息化、智能化登记，搭建有利于基础设施进行集约化管控的智能平台，不断提高管理的效率与质量。扎根于贵州的产业技术特点，利用贵州的大数据优势，推动5G、云计算、大数据等新兴的基础设施的完善。更新招商引资的理念，以全局的眼光来对产业进行布局，从单个企业引进转向产业化、集群化、综合化的产业链发展方向；对不合理的企业布局进行调整，加强产业集群布局规划的科学性和合理性；以贵州省的特色产业为基调，从资源和市场的特点来发展产业链与产业集群，不以产业的"新""奇""大"为要求，但以"精""专"为根本。

第7章
结论与展望

7.1 结 论

7.1.1 优化营商环境应与时代背景相结合

自 2020 年春至今，中国乃至世界均面临着诸多挑战与考验。全球范围内，有新冠肺炎疫情的全球肆虐，对我国的对外贸易、对外交流产生了巨大的影响，进出口贸易、人员流动、企业扩张、市场拓展等经济文化活动均受到了前所未有的限制，政府相关部门、制造业、服务业等社会多类部门面临着前所未有的危机与风险。在这种情况下，中国临危不惧，以不惧牺牲的决心与雷厉风行的行动快速遏制了疫情的暴发，在全球性的疫情恐慌中稳住了发展，创造了令世界瞩目的中国奇迹。在疫情背景下，中美贸易关系的变化对中国"三驾马车"的主动力转换而言也起到了关键的推动作用。面对"贸易战"的威胁，无论是被动或主动，中国的经济发展动力逐步地从出口单一拉动转换为出口与国内消费并重，内循环成为发展过程中备受关注的重点。营商环境的优化对于后疫情时代尚未彻底摆脱动荡，又面临国际关系变动的中国市场而言，已然超出了经济方面的促进意义，更无疑是一盏指路灯、一颗定心丸，在修复市场情绪、快速恢复活力、保证持续增长方面有毋庸置疑的积极影响。

7.1.2 营商环境优化需要标准化的评价体系

面临国内以及国际新的复杂形势，建设良好的营商环境以培育优秀企业家精神，进而夯实实体经济具有重要的战略意义，能够为应对严峻挑战、保持稳定发展创造经济动力，助力实现中国梦。习近平总书记指出，"营商环境只有更好，没有最好"，要"以优化营商环境为基础，全面深化改革"。本书通过对研究所得数据的实证分析，经过路径分析、降维修正、权重分析等步骤，构建了整体的营商环境三级评价指标体系。进一步地，由于具有不同特征的企业对营商环境具有不同的需求期望与关注侧重，本书分别以企业所有制性质与企业所在地两个企业特征作为分类标准，针对国有企业与民营企业、省会城市与非省会城市构建了两组四个营商环境三级评价指标权重体系。其中，贵州省营商环境评价为一级指标，一级指标下设市场环境、政务效率与组织公平、组织绩效和生产要素4项二级指标，每个二级指标对应的若干题项则是三级指标。

根据数据分析与检验，本书发现：从整体而言，4项二级指标的权重分别为0.70、0.15、0.09和0.07（精确至两位小数，下同）；以企业所有制性质为区分，国有企业的4个二级指标权重分别为0.71、0.13、0.10和0.06，民营企业的分别为0.60、0.20、0.11和0.10；以企业所在地为区分，省会城市的4个二级指标权重分别为0.68、0.16、0.09和0.07，非省会城市的分别为0.69、0.15、0.09和0.07。

对于不同的企业所有制性质而言，国有企业会更加关注市场环境的变化，而民营企业则对余下的政务效率与组织公平、组织绩效以及生产要素三项要求更高。这种不同可以从思维模式的差异与体制内外的差异来进行解释：国有企业员工的集体意识更强，因此在营商环境的考量上会考虑公平公正的社会氛围、违法竞争的打击、创新鼓励力度等有关市场整体氛围的因素，同时由于自身在体制之内运作，较少受到政商关系的影响，因此相较民营企业而言对相关维度的关注更低；而民营企业更关注影响自身发展与竞争的营商环境要素，如政商环境、组织公平、要素环境与组织绩效等相关题项。需要注意的是，即使在具体数值上存在一定差异，但不同所有制性质的企业对营商环境四个维度的排序是一致的，即市场环境为首要维度，其次依次为政务效率与组织公平、组织绩效和生产要素。根据动态能力理论，组织绩效与生产要素的主要影响环节是能力抓取与转换，而与环境感知关系较弱，因此在企业对营商环境整体评价中占比较低。而不同所在地的企业对营商环境的评价看法相对一致，可见对营商环境的重要度认知差异主要源于自身性质而非外在环境，这有利于地区范围内营商环境的统一管理与协调发展。

7.2 不足与展望

7.2.1 研究不足

本书尚存在以下不足：

（1）本书研究的样本数据存在局限性。样本数据通过网络方式发放并回收，不能保证问卷质量；同时问卷多采用主观问题，收集的数据带有较强的主观色彩，在营商环境评判过程中，客观性有所欠缺。

（2）缺乏动态调查数据。本书的数据主要采用横向问卷收集方法，在同一时点进行变量收取，没有对历史数据进行收集和分析，缺乏动态研究。但营商环境是一个过程，不同时间点、不同的时代背景等因素均会对员工的主观认知产生影响，采用纵向数据采集营商环境该变量则会更加准确。

（3）本书研究样本数据大部分来源于省会城市，来源于非省会城市的数据约三分之一，样本代表性有待提升。

7.2.2 研究展望

（1）由于新冠肺炎疫情和中美贸易的影响，没有足够的时间和精力进行深入调研，本书在探索营商环境的评价体系时，主要从企业所有制和企业所在地两方面进行区分，未来条件允许的话，可以加入企业规模、企业所属行业以及注册时间等因素来综合分析，探究更广范围、更深层次的营商环境评价体系。

（2）本书采用严谨的科学方法，经过重重论证得出的评价体系具有一定的合理性和科学性，未来的研究可以扩大样本范围，对该评价体系进行反复验证与补充。

（3）本书采用了 SPSS 和 AMOS 软件进行数据分析，未来可以增加历史数据的收集，在研究方法上增加 MATLAB、Stata 等处理方法，对数据进行深层次的处理、分析，朝着动态研究的方向前进。

附录一

中共中央关于全面深化改革若干
重大问题的决定

（2013 年 11 月 12 日中国共产党第十八届中央委员会
第三次全体会议通过）

为贯彻落实党的十八大关于全面深化改革的战略部署，十八届中央委员会第三次全体会议研究了全面深化改革的若干重大问题，作出如下决定。

一、全面深化改革的重大意义和指导思想

（1）改革开放是党在新的时代条件下带领全国各族人民进行的新的伟大革命，是当代中国最鲜明的特色。党的十一届三中全会召开三十五年来，我们党以巨大的政治勇气，锐意推进经济体制、政治体制、文化体制、社会体制、生态文明体制和党的建设制度改革，不断扩大开放，决心之大、变革之深、影响之广前所未有，成就举世瞩目。

改革开放最主要的成果是开创和发展了中国特色社会主义，为社会主义现代化建设提供了强大动力和有力保障。事实证明，改革开放是决定当代中国命运的关键抉择，是党和人民事业大踏步赶上时代的重要法宝。

实践发展永无止境，解放思想永无止境，改革开放永无止境。面对新形势新任务，全面建成小康社会，进而建成富强民主文明和谐的社会主义现代化国家、实现中华民族伟大复兴的中国梦，必须在新的历史起点上全面深化改革，不断增强中国特色社会主义道路自信、理论自信、制度自信、文化自信。

（2）全面深化改革，必须高举中国特色社会主义伟大旗帜，以马克思列宁主义、毛泽东思想、邓小平理论、"三个代表"重要思想、科学发展观为指导，坚定信心，凝聚共识，统筹谋划，协同推进，坚持社会主义市场经济改革方向，以促进社会公平正义、增进人民福祉为出发点和落脚点，进一步解放思想、解放和发展社会生产力、解放和增强社会活力，坚决破除各方面体制机制弊端，努力开拓中国特色社会主义事业更加广阔的前景。

全面深化改革的总目标是完善和发展中国特色社会主义制度，推进国家治理体系和治理能力现代化。必须更加注重改革的系统性、整体性、协同性，加快发展社会主义市场经济、民主政治、先进文化、和谐社会、生态文明，让一切劳动、知识、技术、管理、资本的活力竞相迸发，让一切创造社会财富的源泉充分涌流，让发展成果更多更公平惠及全体人民。

紧紧围绕使市场在资源配置中起决定性作用深化经济体制改革，坚持和完善基本经济制度，加快完善现代市场体系、宏观调控体系、开放型经济体系，加快转变经济发展方式，加快建设创新型国家，推动经济更有效率、更加公平、更可持续发展。

紧紧围绕坚持党的领导、人民当家作主、依法治国有机统一深化政治体制改革，加快推进社会主义民主政治制度化、规范化、程序化，建设社会主义法治国家，发展更加广泛、更加充分、更加健全的人民民主。

紧紧围绕建设社会主义核心价值体系、社会主义文化强国深化文化体制改革，加快完善文化管理体制和文化生产经营机制，建立健全现代公共文化服务体系、现代文化市场体系，推动社会主义文化大发展大繁荣。

紧紧围绕更好保障和改善民生、促进社会公平正义深化社会体制改革，改革收入分配制度，促进共同富裕，推进社会领域制度创新，推进基本公共服务均等化，加快形成科学有效的社会治理体制，确保社会既充满活力又和谐有序。

紧紧围绕建设美丽中国深化生态文明体制改革，加快建立生态文明制度，健全国土空间开发、资源节约利用、生态环境保护的体制机制，推动形成人与自然和谐发展现代化建设新格局。

紧紧围绕提高科学执政、民主执政、依法执政水平深化党的建设制度改革，加强民主集中制建设，完善党的领导体制和执政方式，保持党的先进性和纯洁性，为改革开放和社会主义现代化建设提供坚强政治保证。

（3）全面深化改革，必须立足于我国长期处于社会主义初级阶段这个最大实际，坚持发展仍是解决我国所有问题的关键这个重大战略判断，以经济建设为中心，发挥经济体制改革牵引作用，推动生产关系同生产力、上层建筑同经济基础相适应，推动经济社会持续健康发展。

经济体制改革是全面深化改革的重点，核心问题是处理好政府和市场的关系，使市场在资源配置中起决定性作用和更好发挥政府作用。市场决定资源配置是市场经济的一般规律，健全社会主义市场经济体制必须遵循这条规律，着力解决市场体系不完善、政府干预过多和监管不到位问题。

必须积极稳妥从广度和深度上推进市场化改革，大幅度减少政府对资源的直接配置，推动资源配置依据市场规则、市场价格、市场竞争实现效益最大化和效率最优化。政府的职责和作用主要是保持宏观经济稳定，加强和优化公共服务，保障公平竞争，加强市场监管，维护市场秩序，推动可持续发展，促进共同富裕，弥补市场失灵。

（4）改革开放的成功实践为全面深化改革提供了重要经验，必须长期坚持。最重要的是，坚持党的领导，贯彻党的基本路线，不走封闭僵化的老路，不走改旗易帜的邪路，坚定走中国特色社会主义道路，始终确保改革正确方向；坚持解放思想、实事求是、与时俱进、求真务实，一切从实际出发，总结国内成功做法，借鉴国外有益经验，勇于推进理论和实践创新；坚持以人为本，尊重人民主体地位，发挥群众首创精神，紧紧依靠人民推动改革，促进人的全面发展；坚持正确处理改革发展稳定关系，胆子要大、步子要稳，加强顶层设计和摸着石头过河相结合，整体推进和重点突破相促进，提高改革决策科学性，广泛凝聚共识，形成改革合力。

当前，我国发展进入新阶段，改革进入攻坚期和深水区。必须以强烈的历史使命感，最大限度集中全党全社会智慧，最大限度调动一切积极因素，敢于啃硬骨头，敢于涉险滩，以更大决心冲破思想观念的束缚、突破利益固化的藩篱，推动中国特色社会主义制度自我完善和发展。

到二○二○年，在重要领域和关键环节改革上取得决定性成果，完成本决定提出的改革任务，形成系统完备、科学规范、运行有效的制度体系，使各方面制度更加成熟更加定型。

二、坚持和完善基本经济制度

公有制为主体、多种所有制经济共同发展的基本经济制度，是中国特色社会主义制度的重要支柱，也是社会主义市场经济体制的根基。公有制经济和非公有制经济都是社会主义市场经济的重要组成部分，都是我国经济社会发展的重要基础。必须毫不动摇巩固和发展公有制经济，坚持公有制主体地位，发挥国有经济主导作用，不断增强国有经济活力、控制力、影响力。必须毫不动摇鼓励、支持、引导非公有制经济发展，激发非公有制经济活力和创造力。

（5）完善产权保护制度。产权是所有制的核心。健全归属清晰、权责明确、保护严格、流转顺畅的现代产权制度。公有制经济财产权不可侵犯，非公有制经济财产权同样不可侵犯。

国家保护各种所有制经济产权和合法利益，保证各种所有制经济依法平等使用生产要素、公开公平公正参与市场竞争、同等受到法律保护，依法监管各种所有制经济。

（6）积极发展混合所有制经济。国有资本、集体资本、非公有资本等交叉持股、相互融合的混合所有制经济，是基本经济制度的重要实现形式，有利于国有资本放大功能、保值增值、提高竞争力，有利于各种所有制资本取长补短、相互促进、共同发展。允许更多国有经济和其他所有制经济发展成为混合所有制经济。国有资本投资项目允许非国有资本参股。允许混合所有制经济实行企业员工持股，形成资本所有者和劳动者利益共同体。

完善国有资产管理体制，以管资本为主加强国有资产监管，改革国有资本授权经营体制，组建若干国有资本运营公司，支持有条件的国有企业改组为国有资本投资公司。国有资本投资运营要服务于国家战略目标，更多投向关系国家安全、国民经济命脉的重要行业和关键领域，重点提供公共服务、发展重要前瞻性战略性产业、保护生态环境、支持科技进步、保障国家安全。

划转部分国有资本充实社会保障基金。完善国有资本经营预算制度，提高国有资本收益上缴公共财政比例，二〇二〇年提到百分之三十，更多用于保障和改善民生。

（7）推动国有企业完善现代企业制度。国有企业属于全民所有，是推进国家现代化、保障人民共同利益的重要力量。国有企业总体上已经同市场经济相融合，必须适应市场化、国际化新形势，以规范经营决策、资产保值增值、公平参与竞争、提高企业效率、增强企业活力、承担社会责任为重点，进一步深化国有企业改革。

准确界定不同国有企业功能。国有资本加大对公益性企业的投入，在提供公共服务方面作出更大贡献。国有资本继续控股经营的自然垄断行业，实行以政企分开、政资分开、特许经营、政府监管为主要内容的改革，根据不同行业特点实行网运分开、放开竞争性业务，推进公共资源配置市场化。进一步破除各种形式的行政垄断。

健全协调运转、有效制衡的公司法人治理结构。建立职业经理人制度，更好发挥企业家作用。深化企业内部管理人员能上能下、员工能进能出、收入能增能减的制度改革。建立长效激励约束机制，强化国有企业经营投资责任追究。探索推进国有企业财务预算等重大信息公开。

国有企业要合理增加市场化选聘比例，合理确定并严格规范国有企业管理人员薪酬水平、职务待遇、职务消费、业务消费。

（8）支持非公有制经济健康发展。非公有制经济在支撑增长、促进创新、扩大就业、增加税收等方面具有重要作用。坚持权利平等、机会平等、规则平等，废除对非公有制经济各种形式的不合理规定，消除各种隐性壁垒，制定非公有制企业进入特许经营领域具体办法。

鼓励非公有制企业参与国有企业改革，鼓励发展非公有资本控股的混合所有制企业，鼓励有条件的私营企业建立现代企业制度。

三、加快完善现代市场体系

建设统一开放、竞争有序的市场体系，是使市场在资源配置中起决定性作用的基础。必须加快形成企业自主经营、公平竞争，消费者自由选择、自主消费，商品和要素自由流动、平等交换的现代市场体系，着力清除市场壁垒，提高资源配置效率和公平性。

（9）建立公平开放透明的市场规则。实行统一的市场准入制度，在制定负面清单基础上，各类市场主体可依法平等进入清单之外领域。探索对外商投资实行准入前国民待遇加负面清单的管理模式。推进工商注册制度便利化，削减资质认定项目，由先证后照改为先照后证，把注册资本实缴登记制逐步改为认缴登记制。推进国内贸易流通体制改革，建设法治化营商环境。

改革市场监管体系，实行统一的市场监管，清理和废除妨碍全国统一市场和公平竞争的各种规定和做法，严禁和惩处各类违法实行优惠政策行为，反对地方保护，反对垄断和不正当竞争。建立健全社会征信体系，褒扬诚信，惩戒失信。健全优胜劣汰市场化退出机制，完善企业破产制度。

（10）完善主要由市场决定价格的机制。凡是能由市场形成价格的都交给市场，政府不进行不当干预。推进水、石油、天然气、电力、交通、电信等领域价格改革，放开竞争性环节价格。政府定价范围主要限定在重要公用事业、公益性服务、网络型自然垄断环节，提高透明度，接受社会监督。完善农产品价格形成机制，注重发挥市场形成价格作用。

（11）建立城乡统一的建设用地市场。在符合规划和用途管制前提下，允许农村集体经营性建设用地出让、租赁、入股，实行与国有土地同等入市、同权同价。缩小征地范围，规范征地程序，完善对被征地农民合理、规范、多元保障机制。扩大国有土地有偿使用范围，减少非公益性用地划拨。建立兼顾国家、集体、个人的土地增值收益分配机制，合理提高个人收益。完善土地租赁、转让、抵押二级市场。

（12）完善金融市场体系。扩大金融业对内对外开放，在加强监管前提下，允许具备条件的民间资本依法发起设立中小型银行等金融机构。推进政策性金融机构改革。健全多层次资本市场体系，推进股票发行注册制改革，多渠道推动股权融资，发展并规范债券市场，提高直接融资比重。完善保险经济补偿机制，建立巨灾保险制度。发展普惠金融。鼓励金融创新，丰富金融市场层次和产品。

完善人民币汇率市场化形成机制，加快推进利率市场化，健全反映市场供求关系的国债收益率曲线。推动资本市场双向开放，有序提高跨境资本和金融交易可兑换程度，建立健全宏观审慎管理框架下的外债和资本流动管理体系，加快实现人民币资本项目可兑换。

落实金融监管改革措施和稳健标准，完善监管协调机制，界定中央和地方金融监管职责和风险处置责任。建立存款保险制度，完善金融机构市场化退出机制。加强金融基础设施建设，保障金融市场安全高效运行和整体稳定。

（13）深化科技体制改革。建立健全鼓励原始创新、集成创新、引进消化吸收再创新的体制机制，健全技术创新市场导向机制，发挥市场对技术研发方向、路线选择、要素价格、各类创新要素配置的导向作用。建立产学研协同创新机制，强化企业在技术创新中的主体地位，发挥大型企业创新骨干作用，激发中小企业创新活力，推进应用型技术研发机构市场化、企业化改革，建设国家创新体系。

加强知识产权运用和保护，健全技术创新激励机制，探索建立知识产权法院。打破行政主导和部门分割，建立主要由市场决定技术创新项目和经费分配、评价成果的机制。发展技术市场，健全技术转移机制，改善科技型中小企业融资条件，完善风险投资机制，创新商业模式，促进科技成果资本化、产业化。

整合科技规划和资源，完善政府对基础性、战略性、前沿性科学研究和共性技术研究的支持机制。国家重大科研基础设施依照规定应该开放的一律对社会开放。建立创新调查制度和创新报告制度，构建公开透明的国家科研资源管理和项目评价机制。

改革院士遴选和管理体制，优化学科布局，提高中青年人才比例，实行院士退休和退出制度。

四、加快转变政府职能

科学的宏观调控，有效的政府治理，是发挥社会主义市场经济体制优势的内在要求。必须切实转变政府职能，深化行政体制改革，创新行政管理方式，增强政府公信力和执行力，建设法治政府和服务型政府。

（14）健全宏观调控体系。宏观调控的主要任务是保持经济总量平衡，促进重大经济结构协调和生产力布局优化，减缓经济周期波动影响，防范区域性、系统性风险，稳定市场预期，实现经济持续健康发展。健全以国家发展战略和规划为导向、以财政政策和货币政策为主要手段的宏观调控体系，推进宏观调控目标制定和政策手段运用机制化，加强财政政策、货币政策与产业、价格等政策手段协调配合，提高相机抉择水平，增强宏观调控前瞻性、针对性、协同性。形成参与国际宏观经济政策协调的机制，推动国际经济治理结构完善。

深化投资体制改革，确立企业投资主体地位。企业投资项目，除关系国家安全和生态安全、涉及全国重大生产力布局、战略性资源开发和重大公共利益等项目外，一律由企业依法依规自主决策，政府不再审批。强化节能节地节水、环境、技术、安全等市场准入标准，建立健全防范和化解产能过剩长效机制。

完善发展成果考核评价体系，纠正单纯以经济增长速度评定政绩的偏向，加大资源消耗、环境损害、生态效益、产能过剩、科技创新、安全生产、新增债务等指标的权重，更加重视劳动就业、居民收入、社会保障、人民健康状况。加快建立国家统一的经济核算制度，编制全国和地方资产负债表，建立全社会房产、信用等基础数据统一平台，推进部门信息共享。

（15）全面正确履行政府职能。进一步简政放权，深化行政审批制度改革，最大限度减少中央政府对微观事务的管理，市场机制能有效调节的经济活动，一律取消审批，对保留的行政审批事项要规范管理、提高效率；直接面向基层、量大面广、由地方管理更方便有效的经济社会事项，一律下放地方和基层管理。

政府要加强发展战略、规划、政策、标准等制定和实施，加强市场活动监管，加强各类公共服务提供。加强中央政府宏观调控职责和能力，加强地方政府公共服务、市场监管、社会管理、环境保护等职责。推广政府购买服务，凡属事务性管理服务，原则上都要引入竞争机制，通过合同、委托等方式向社会购买。

加快事业单位分类改革，加大政府购买公共服务力度，推动公办事业单位与主管部门理顺关系和去行政化，创造条件，逐步取消学校、科研院所、医院等单位的行政级别。建立事业单位法人治理结构，推进有条件的事业单位转为企业或社会组织。建立各类事业单位统一登记管理制度。

（16）优化政府组织结构。转变政府职能必须深化机构改革。优化政府机构设置、职能配置、工作流程，完善决策权、执行权、监督权既相互制约又相互协调的行政运行机制。严格绩效管理，突出责任落实，确保权责一致。

统筹党政群机构改革，理顺部门职责关系。积极稳妥实施大部门制。优化行政区划设置，有条件的地方探索推进省直接管理县（市）体制改革。严格控制机构编制，严格按规定职数配备领导干部，减少机构数量和领导职数，严格控制财政供养人员总量。推进机构编制管理科学化、规范化、法制化。

五、深化财税体制改革

财政是国家治理的基础和重要支柱，科学的财税体制是优化资源配置、维护市场统一、促进社会公平、实现国家长治久安的制度保障。必须完善立法、明确事权、改革税制、稳定税负、透明预算、提高效率，建立现代财政制度，发挥中央和地方两个积极性。

（17）改进预算管理制度。实施全面规范、公开透明的预算制度。审核预算的重点由平衡状态、赤字规模向支出预算和政策拓展。清理规范重点支出同财政收支增幅或生产总值挂钩事项，一般不采取挂钩方式。建立跨年度预算平衡机制，建立权责发生制的政府综合财务报告制度，建立规范合理的中央和地方政府债务管理及风险预警机制。

完善一般性转移支付增长机制，重点增加对革命老区、民族地区、边疆地区、贫困地区的转移支付。中央出台增支政策形成的地方财力缺口，原则上通过一般性转移支付调节。清理、整合、规范专项转移支付项目，逐步取消竞争性领域专项和地方资金配套，严格控制引导类、救济类、应急类专项，对保留专项进行甄别，属地方事务的划入一般性转移支付。

（18）完善税收制度。深化税收制度改革，完善地方税体系，逐步提高直接税比重。推进增值税改革，适当简化税率。调整消费税征收范围、环节、税率，把高耗能、高污染产品及部分高档消费品纳入征收范围。逐步建立综合与分类相结合的个人所得税制。加快房地产税立法并适时推进改革，加快资源税改革，推动环境保护费改税。

按照统一税制、公平税负、促进公平竞争的原则，加强对税收优惠特别是区域税收优惠政策的规范管理。税收优惠政策统一由专门税收法律法规规定，清理规范税收优惠政策。完善国税、地税征管体制。

（19）建立事权和支出责任相适应的制度。适度加强中央事权和支出责任，国防、外交、国家安全、关系全国统一市场规则和管理等作为中央事权；部分社会保障、跨区域重大项目建设维护等作为中央和地方共同事权，逐步理顺事权关系；区域性公共服务作为地方事权。中央和地方按照事权划分相应承担和分担支出责任。中央可通过安排转移支付将部分事权支出责任委托地方承担。对于跨区域且对其他地区影响较大的公共服务，中央通过转移支付承担一部分地方事权支出责任。

保持现有中央和地方财力格局总体稳定，结合税制改革，考虑税种属性，进一步理顺中央和地方收入划分。

六、健全城乡发展一体化体制机制

城乡二元结构是制约城乡发展一体化的主要障碍。必须健全体制机制，形成以工促农、以城带乡、工农互惠、城乡一体的新型工农城乡关系，让广大农民平等参与现代化进程、共同分享现代化成果。

（20）加快构建新型农业经营体系。坚持家庭经营在农业中的基础性地位，推进家庭经营、集体经营、合作经营、企业经营等共同发展的农业经营方式创新。坚持农村土地集体所有权，依法维护农民土地承包经营权，发展壮大集体经济。稳定农村土地承包关系并保持长久不变，在坚持和完善最严格的耕地保护制度前提下，赋予农民对承包地占有、使用、收益、流转及承包经营权抵押、担保权能，允许农民以承包经营权入股发展农业产业化经营。鼓励承包经营权在公开市场上向专业大户、家庭农场、农民合作社、农业企业流转，发展多种形式规模经营。

鼓励农村发展合作经济，扶持发展规模化、专业化、现代化经营，允许财政项目资金直接投向符合条件的合作社，允许财政补助形成的资产转交合作社持有和管护，允许合作社开展信用合作。鼓励和引导工商资本到农村发展适合企业化经营的现代种养业，向农业输入现代生产要素和经营模式。

（21）赋予农民更多财产权利。保障农民集体经济组织成员权利，积极发展农民股份合作，赋予农民对集体资产股份占有、收益、有偿退出及抵押、担保、继承权。保障农户宅基地用益物权，改革完善农村宅基地制度，选择若干试点，慎重稳妥推进农民住房财产权抵押、担保、转让，探索农民增加财产性收入渠道。建立农村产权流转交易市场，推动农村产权流转交易公开、公正、规范运行。

（22）推进城乡要素平等交换和公共资源均衡配置。维护农民生产要素权益，保障农民工同工同酬，保障农民公平分享土地增值收益，保障金融机构农村存款主要用于农业农村。健全农业支持保护体系，改革农业补贴制度，完善粮食主产区利益补偿机制。完善农业保险制度。鼓励社会资本投向农村建设，允许企业和社会组织在农村兴办各类事业。统筹城乡基础设施建设和社区建设，推进城乡基本公共服务均等化。

（23）完善城镇化健康发展体制机制。坚持走中国特色新型城镇化道路，推进以人为核心的城镇化，推动大中小城市和小城镇协调发展、产业和城镇融合发展，促进城镇化和新农村建设协调推进。优化城市空间结构和管理格局，增强城市综合承载能力。

推进城市建设管理创新。建立透明规范的城市建设投融资机制，允许地方政府通过发债等多种方式拓宽城市建设融资渠道，允许社会资本通过特许经营等方式参与城市基础设施投资和运营，研究建立城市基础设施、住宅政策性金融机构。完善设市标准，严格审批程序，对具备行政区划调整条件的县可有序改市。对吸纳人口多、经济实力强的镇，可赋予同人口和经济规模相适应的管理权。建立和完善跨区域城市发展协调机制。

推进农业转移人口市民化，逐步把符合条件的农业转移人口转为城镇居民。创新人口管理，加快户籍制度改革，全面放开建制镇和小城市落户限制，有序放开中等城市落户限制，合理确定大城市落户条件，严格控制特大城市人口规模。稳步推进城镇基本公共服务常住人口全覆盖，把进城落户农民完全纳入城镇住房和社会保障体系，在农村参加的养老保险和医疗保险规范接入城镇社保体系。建立财政转移支付同农业转移人口市民化挂钩机制，从严合理供给城市建设用地，提高城市土地利用率。

七、构建开放型经济新体制

适应经济全球化新形势，必须推动对内对外开放相互促进、引进来和走出去更好结合，促进国际国内要素有序自由流动、资源高效配置、市场深度融合，加快培育参与和引领国际经济合作竞争新优势，以开放促改革。

（24）放宽投资准入。统一内外资法律法规，保持外资政策稳定、透明、可预期。推进金融、教育、文化、医疗等服务业领域有序开放，放开育幼养老、建筑设计、会计审计、商贸物流、电子商务等服务业领域外资准入限制，进一步放开一般制造业。加快海关特殊监管区域整合优化。

建立中国上海自由贸易试验区是党中央在新形势下推进改革开放的重大举措，要切实建设好、管理好，为全面深化改革和扩大开放探索新途径、积累新经验。在推进现有试点基础上，选择若干具备条件地方发展自由贸易园（港）区。

扩大企业及个人对外投资，确立企业及个人对外投资主体地位，允许发挥自身优势到境外开展投资合作，允许自担风险到各国各地区自由承揽工程和劳务合作项目，允许创新方式走出去开展绿地投资、并购投资、证券投资、联合投资等。

加快同有关国家和地区商签投资协定，改革涉外投资审批体制，完善领事保护体制，提供权益保障、投资促进、风险预警等更多服务，扩大投资合作空间。

（25）加快自由贸易区建设。坚持世界贸易体制规则，坚持双边、多边、区域次区域开放合作，扩大同各国各地区利益汇合点，以周边为基础加快实施自由贸易区战略。改革市场准入、海关监管、检验检疫等管理体制，加快环境保护、投资保护、政府采购、电子商务等新议题谈判，形成面向全球的高标准自由贸易区网络。

扩大对香港特别行政区、澳门特别行政区和台湾地区开放合作。

（26）扩大内陆沿边开放。抓住全球产业重新布局机遇，推动内陆贸易、投资、技术创新协调发展。创新加工贸易模式，形成有利于推动内陆产业集群发展的体制机制。支持内陆城市增开国际客货运航线，发展多式联运，形成横贯东中西、联结南北方对外经济走廊。推动内陆同沿海沿边通关协作，实现口岸管理相关部门信息互换、监管互认、执法互助。

加快沿边开放步伐，允许沿边重点口岸、边境城市、经济合作区在人员往来、加工物流、旅游等方面实行特殊方式和政策。建立开发性金融机构，加快同周边国家和区域基础设施互联互通建设，推进丝绸之路经济带、海上丝绸之路建设，形成全方位开放新格局。

八、加强社会主义民主政治制度建设

发展社会主义民主政治，必须以保证人民当家作主为根本，坚持和完善人民代表大会制度、中国共产党领导的多党合作和政治协商制度、民族区域自治制度以及基层群众自治制度，更加注重健全民主制度、丰富民主形式，从各层次各领域扩大公民有序政治参与，充分发挥我国社会主义政治制度优越性。

（27）推动人民代表大会制度与时俱进。坚持人民主体地位，推进人民代表大会制度理论和实践创新，发挥人民代表大会制度的根本政治制度作用。完善中国特色社会主义法律体系，健全立法起草、论证、协调、审议机制，提高立法质量，防止地方保护和部门利益法制化。健全"一府两院"由人大产生、对人大负责、受人大监督制度。健全人大讨论、决定重大事项制度，各级政府重大决策出台前向本级人大报告。加强人大预算决算审查监督、国有资产监督职能。落实税收法定原则。加强人大常委会同人大代表的联系，充分发挥代表作用。通过建立健全代表联络机构、网络平台等形式密切代表同人民群众联系。

完善人大工作机制，通过座谈、听证、评估、公布法律草案等扩大公民有序参与立法途径，通过询问、质询、特定问题调查、备案审查等积极回应社会关切。

（28）推进协商民主广泛多层制度化发展。协商民主是我国社会主义民主政治的特有形式和独特优势，是党的群众路线在政治领域的重要体现。在党的领导下，以经济社会发展重大问题和涉及群众切身利益的实际问题为内容，在全社会开展广泛协商，坚持协商于决策之前和决策实施之中。

构建程序合理、环节完整的协商民主体系，拓宽国家政权机关、政协组织、党派团体、基层组织、社会组织的协商渠道。深入开展立法协商、行政协商、民主协商、参政协商、社会协商。加强中国特色新型智库建设，建立健全决策咨询制度。

发挥统一战线在协商民主中的重要作用。完善中国共产党同各民主党派的政治协商，认真听取各民主党派和无党派人士意见。中共中央根据年度工作重点提出规划，采取协商会、谈心会、座谈会等进行协商。完善民主党派中央直接向中共中央提出建议制度。贯彻党的民族政策，保障少数民族合法权益，巩固和发展平等团结互助和谐的社会主义民族关系。

发挥人民政协作为协商民主重要渠道作用。重点推进政治协商、民主监督、参政议政制度化、规范化、程序化。各级党委和政府、政协制定并组织实施协商年度工作计划，就一些重要决策听取政协意见。完善人民政协制度体系，规范协商内容、协商程序。拓展协商民主形式，更加活跃有序地组织专题协商、对口协商、界别协商、提案办理协商，增加协商密度，提高协商成效。在政协健全委员联络机构，完善委员联络制度。

（29）发展基层民主。畅通民主渠道，健全基层选举、议事、公开、述职、问责等机制。开展形式多样的基层民主协商，推进基层协商制度化，建立健全居民、村民监督机制，促进群众在城乡社区治理、基层公共事务和公益事业中依法自我管理、自我服务、自我教育、自我监督。健全以职工代表大会为基本形式的企事业单位民主管理制度，加强社会组织民主机制建设，保障职工参与管理和监督的民主权利。

九、推进法治中国建设

建设法治中国，必须坚持依法治国、依法执政、依法行政共同推进，坚持法治国家、法治政府、法治社会一体建设。深化司法体制改革，加快建设公正高效权威的社会主义司法制度，维护人民权益，让人民群众在每一个司法案件中都感受到公平正义。

（30）维护宪法法律权威。宪法是保证党和国家兴旺发达、长治久安的根本法，具有最高权威。要进一步健全宪法实施监督机制和程序，把全面贯彻实施宪法提高到一个新水平。建立健全全社会忠于、遵守、维护、运用宪法法律的制度。坚持法律面前人人平等，任何组织或者个人都不得有超越宪法法律的特权，一切违反宪法法律的行为都必须予以追究。

普遍建立法律顾问制度。完善规范性文件、重大决策合法性审查机制。建立科学的法治建设指标体系和考核标准。健全法规、规章、规范性文件备案审查制度。健全社会普法教育机制，增强全民法治观念。逐步增加有地方立法权的较大的市数量。

（31）深化行政执法体制改革。整合执法主体，相对集中执法权，推进综合执法，着力解决权责交叉、多头执法问题，建立权责统一、权威高效的行政执法体制。减少行政执法层级，加强食品药品、安全生产、环境保护、劳动保障、海域海岛等重点领域基层执法力量。理顺城管执法体制，提高执法和服务水平。

完善行政执法程序，规范执法自由裁量权，加强对行政执法的监督，全面落实行政执法责任制和执法经费由财政保障制度，做到严格规范公正文明执法。完善行政执法与刑事司法衔接机制。

（32）确保依法独立公正行使审判权检察权。改革司法管理体制，推动省以下地方法院、检察院人财物统一管理，探索建立与行政区划适当分离的司法管辖制度，保证国家法律统一正确实施。

建立符合职业特点的司法人员管理制度，健全法官、检察官、人民警察统一招录、有序交流、逐级遴选机制，完善司法人员分类管理制度，健全法官、检察官、人民警察职业保障制度。

（33）健全司法权力运行机制。优化司法职权配置，健全司法权力分工负责、互相配合、互相制约机制，加强和规范对司法活动的法律监督和社会监督。

改革审判委员会制度，完善主审法官、合议庭办案责任制，让审理者裁判、由裁判者负责。明确各级法院职能定位，规范上下级法院审级监督关系。

推进审判公开、检务公开，录制并保留全程庭审资料。增强法律文书说理性，推动公开法院生效裁判文书。严格规范减刑、假释、保外就医程序，强化监督制度。广泛实行人民陪审员、人民监督员制度，拓宽人民群众有序参与司法渠道。

（34）完善人权司法保障制度。国家尊重和保障人权。进一步规范查封、扣押、冻结、处理涉案财物的司法程序。健全错案防止、纠正、责任追究机制，严禁刑讯逼供、体罚虐待，严格实行非法证据排除规则。逐步减少适用死刑罪名。

废止劳动教养制度，完善对违法犯罪行为的惩治和矫正法律，健全社区矫正制度。

健全国家司法救助制度，完善法律援助制度。完善律师执业权利保障机制和违法违规执业惩戒制度，加强职业道德建设，发挥律师在依法维护公民和法人合法权益方面的重要作用。

十、强化权力运行制约和监督体系

坚持用制度管权管事管人，让人民监督权力，让权力在阳光下运行，是把权力关进制度笼子的根本之策。必须构建决策科学、执行坚决、监督有力的权力运行体系，健全惩治和预防腐败体系，建设廉洁政治，努力实现干部清正、政府清廉、政治清明。

（35）形成科学有效的权力制约和协调机制。完善党和国家领导体制，坚持民主集中制，充分发挥党的领导核心作用。规范各级党政主要领导干部职责权限，科学配置党政部门及内设机构权力和职能，明确职责定位和工作任务。

加强和改进对主要领导干部行使权力的制约和监督，加强行政监察和审计监督。

推行地方各级政府及其工作部门权力清单制度，依法公开权力运行流程。完善党务、政务和各领域办事公开制度，推进决策公开、管理公开、服务公开、结果公开。

（36）加强反腐败体制机制创新和制度保障。加强党对党风廉政建设和反腐败工作统一领导。改革党的纪律检查体制，健全反腐败领导体制和工作机制，改革和完善各级反腐败协调小组职能。

落实党风廉政建设责任制，党委负主体责任，纪委负监督责任，制定实施切实可行的责任追究制度。各级纪委要履行协助党委加强党风建设和组织协调反腐败工作的职责，加强对同级党委特别是常委会成员的监督，更好发挥党内监督专门机关作用。

推动党的纪律检查工作双重领导体制具体化、程序化、制度化，强化上级纪委对下级纪委的领导。查办腐败案件以上级纪委领导为主，线索处置和案件查办在向同级党委报告的同时必须向上级纪委报告。各级纪委书记、副书记的提名和考察以上级纪委会同组织部门为主。

全面落实中央纪委向中央一级党和国家机关派驻纪检机构，实行统一名称、统一管理。派驻机构对派出机关负责，履行监督职责。改进中央和省区市巡视制度，做到对地方、部门、企事业单位全覆盖。

健全反腐倡廉法规制度体系，完善惩治和预防腐败、防控廉政风险、防止利益冲突、领导干部报告个人有关事项、任职回避等方面法律法规，推行新提任领导干部有关事项公开制度试点。健全民主监督、法律监督、舆论监督机制，运用和规范互联网监督。

（37）健全改进作风常态化制度。围绕反对形式主义、官僚主义、享乐主义和奢靡之风，加快体制机制改革和建设。健全领导干部带头改进作风、深入基层调查研究机制，完善直接联系和服务群众制度。改革会议公文制度，从中央做起带头减少会议、文件，着力改进会风文风。健全严格的财务预算、核准和审计制度，着力控制"三公"经费支出和楼堂馆所建设。完善选人用人专项检查和责任追究制度，着力纠正跑官要官等不正之风。改革政绩考核机制，着力解决"形象工程""政绩工程"以及不作为、乱作为等问题。

规范并严格执行领导干部工作生活保障制度，不准多处占用住房和办公用房，不准超标准配备办公用房和生活用房，不准违规配备公车，不准违规配备秘书，不准超规格警卫，不准超标准进行公务接待，严肃查处违反规定超标准享受待遇等问题。探索实行官邸制。

完善并严格执行领导干部亲属经商、担任公职和社会组织职务、出国定居等相关制度规定，防止领导干部利用公共权力或自身影响为亲属和其他特定关系人谋取私利，坚决反对特权思想和作风。

十一、推进文化体制机制创新

建设社会主义文化强国，增强国家文化软实力，必须坚持社会主义先进文化前进方向，坚持中国特色社会主义文化发展道路，培育和践行社会主义核心价值观，巩固马克思主义在意识形态领域的指导地位，巩固全党全国各族人民团结奋斗的共同思想基础。坚持以人民为中心的工作导向，坚持把社会效益放在首位、社会效益和经济效益相统一，以激发全民族文化创造活力为中心环节，进一步深化文化体制改革。

（38）完善文化管理体制。按照政企分开、政事分开原则，推动政府部门由办文化向管文化转变，推动党政部门与其所属的文化企事业单位进一步理顺关系。建立党委和政府监管国有文化资产的管理机构，实行管人管事管资产管导向相统一。

健全坚持正确舆论导向的体制机制。健全基础管理、内容管理、行业管理以及网络违法犯罪防范和打击等工作联动机制，健全网络突发事件处置机制，形成正面引导和依法管理相结合的网络舆论工作格局。整合新闻媒体资源，推动传统媒体和新兴媒体融合发展。推动新闻发布制度化。严格新闻工作者职业资格制度，重视新型媒介运用和管理，规范传播秩序。

（39）建立健全现代文化市场体系。完善文化市场准入和退出机制，鼓励各类市场主体公平竞争、优胜劣汰，促进文化资源在全国范围内流动。继续推进国有经营性文化单位转企改制，加快公司制、股份制改造。对按规定转制的重要国有传媒企业探索实行特殊管理股制度。推动文化企业跨地区、跨行业、跨所有制兼并重组，提高文化产业规模化、集约化、专业化水平。

鼓励非公有制文化企业发展，降低社会资本进入门槛，允许参与对外出版、网络出版，允许以控股形式参与国有影视制作机构、文艺院团改制经营。支持各种形式小微文化企业发展。

在坚持出版权、播出权特许经营前提下，允许制作和出版、制作和播出分开。建立多层次文化产品和要素市场，鼓励金融资本、社会资本、文化资源相结合。完善文化经济政策，扩大政府文化资助和文化采购，加强版权保护。健全文化产品评价体系，改革评奖制度，推出更多文化精品。

（40）构建现代公共文化服务体系。建立公共文化服务体系建设协调机制，统筹服务设施网络建设，促进基本公共文化服务标准化、均等化。建立群众评价和反馈机制，推动文化惠民项目与群众文化需求有效对接。整合基层宣传文化、党员教育、科学普及、体育健身等设施，建设综合性文化服务中心。

明确不同文化事业单位功能定位，建立法人治理结构，完善绩效考核机制。推动公共图书馆、博物馆、文化馆、科技馆等组建理事会，吸纳有关方面代表、专业人士、各界群众参与管理。

引入竞争机制，推动公共文化服务社会化发展。鼓励社会力量、社会资本参与公共文化服务体系建设，培育文化非营利组织。

（41）提高文化开放水平。坚持政府主导、企业主体、市场运作、社会参与，扩大对外文化交流，加强国际传播能力和对外话语体系建设，推动中华文化走向世界。理顺内宣外宣体制，支持重点媒体面向国内国际发展。培育外向型文化企业，支持文化企业到境外开拓市场。鼓励社会组织、中资机构等参与孔子学院和海外文化中心建设，承担人文交流项目。

积极吸收借鉴国外一切优秀文化成果，引进有利于我国文化发展的人才、技术、经营管理经验。切实维护国家文化安全。

十二、推进社会事业改革创新

实现发展成果更多更公平惠及全体人民，必须加快社会事业改革，解决好人民最关心最直接最现实的利益问题，努力为社会提供多样化服务，更好满足人民需求。

（42）深化教育领域综合改革。全面贯彻党的教育方针，坚持立德树人，加强社会主义核心价值体系教育，完善中华优秀传统文化教育，形成爱学习、爱劳动、爱祖国活动的有效形式和长效机制，增强学生社会责任感、创新精神、实践能力。强化体育课和课外锻炼，促进青少年身心健康、体魄强健。改进美育教学，提高学生审美和人文素养。大力促进教育公平，健全家庭经济困难学生资助体系，构建利用信息化手段扩大优质教育资源覆盖面的有效机制，逐步缩小区域、城乡、校际差距。统筹城乡义务教育资源均衡配置，实行公办学校标准化建设和校长教师交流轮岗，不设重点学校重点班，破解择校难题，标本兼治减轻学生课业负担。加快现代职业教育体系建设，深化产教融合、校企合作，培养高素质劳动者和技能型人才。创新高校人才培养机制，促进高校办出特色争创一流。推进学前教育、特殊教育、继续教育改革发展。

推进考试招生制度改革，探索招生和考试相对分离、学生考试多次选择、学校依法自主招生、专业机构组织实施、政府宏观管理、社会参与监督的运行机制，从根本上解决一考定终身的弊端。义务教育免试就近入学，试行学区制和九年一贯对口招生。推行初高中学业水平考试和综合素质评价。加快推进职业院校分类招考或注册入学。逐步推行普通高校基于统一高考和高中学业水平考试成绩的综合评价多元录取机制。探索全国统考减少科目、不分文理科、外语等科目社会化考试一年多考。试行普通高校、高职院校、成人高校之间学分转换，拓宽终身学习通道。

深入推进管办评分离，扩大省级政府教育统筹权和学校办学自主权，完善学校内部治理结构。强化国家教育督导，委托社会组织开展教育评估监测。健全政府补贴、政府购买服务、助学贷款、基金奖励、捐资激励等制度，鼓励社会力量兴办教育。

（43）健全促进就业创业体制机制。建立经济发展和扩大就业的联动机制，健全政府促进就业责任制度。规范招人用人制度，消除城乡、行业、身份、性别等一切影响平等就业的制度障碍和就业歧视。完善扶持创业的优惠政策，形成政府激励创业、社会支持创业、劳动者勇于创业新机制。完善城乡均等的公共就业创业服务体系，构建劳动者终身职业培训体系。增强失业保险制度预防失业、促进就业功能，完善就业失业监测统计制度。创新劳动关系协调机制，畅通职工表达合理诉求渠道。

促进以高校毕业生为重点的青年就业和农村转移劳动力、城镇困难人员、退役军人就业。结合产业升级开发更多适合高校毕业生的就业岗位。政府购买基层公共管理和社会服务岗位更多用于吸纳高校毕业生就业。健全鼓励高校毕业生到基层工作的服务保障机制，提高公务员定向招录和事业单位优先招聘比例。实行激励高校毕业生自主创业政策，整合发展国家和省级高校毕业生就业创业基金。实施离校未就业高校毕业生就业促进计划，把未就业的纳入就业见习、技能培训等就业准备活动之中，对有特殊困难的实行全程就业服务。

（44）形成合理有序的收入分配格局。着重保护劳动所得，努力实现劳动报酬增长和劳动生产率提高同步，提高劳动报酬在初次分配中的比重。健全工资决定和正常增长机制，完善最低工资和工资支付保障制度，完善企业工资集体协商制度。改革机关事业单位工资和津贴补贴制度，完善艰苦边远地区津贴增长机制。健全资本、知识、技术、管理等由要素市场决定的报酬机制。扩展投资和租赁服务等途径，优化上市公司投资者回报机制，保护投资者尤其是中小投资者合法权益，多渠道增加居民财产性收入。

完善以税收、社会保障、转移支付为主要手段的再分配调节机制，加大税收调节力度。建立公共资源出让收益合理共享机制。完善慈善捐助减免税制度，支持慈善事业发挥扶贫济困积极作用。

规范收入分配秩序，完善收入分配调控体制机制和政策体系，建立个人收入和财产信息系统，保护合法收入，调节过高收入，清理规范隐性收入，取缔非法收入，增加低收入者收入，扩大中等收入者比重，努力缩小城乡、区域、行业收入分配差距，逐步形成橄榄型分配格局。

（45）建立更加公平可持续的社会保障制度。坚持社会统筹和个人账户相结合的基本养老保险制度，完善个人账户制度，健全多缴多得激励机制，确保参保人权益，实现基础养老金全国统筹，坚持精算平衡原则。推进机关事业单位养老保险制度改革。整合城乡居民基本养老保险制度、基本医疗保险制度。推进城乡最低生活保障制度统筹发展。建立健全合理兼顾各类人员的社会保障待遇确定和正常调整机制。完善社会保险关系转移接续政策，扩大参保缴费覆盖面，适时适当降低社会保险费率。研究制定渐进式延迟退休年龄政策。加快健全社会保障管理体制和经办服务体系。健全符合国情的住房保障和供应体系，建立公开规范的住房公积金制度，改进住房公积金提取、使用、监管机制。

健全社会保障财政投入制度，完善社会保障预算制度。加强社会保险基金投资管理和监督，推进基金市场化、多元化投资运营。制定实施免税、延期征税等优惠政策，加快发展企业年金、职业年金、商业保险，构建多层次社会保障体系。

积极应对人口老龄化，加快建立社会养老服务体系和发展老年服务产业。健全农村留守儿童、妇女、老年人关爱服务体系，健全残疾人权益保障、困境儿童分类保障制度。

（46）深化医药卫生体制改革。统筹推进医疗保障、医疗服务、公共卫生、药品供应、监管体制综合改革。深化基层医疗卫生机构综合改革，健全网络化城乡基层医疗卫生服务运行机制。加快公立医院改革，落实政府责任，建立科学的医疗绩效评价机制和适应行业特点的人才培养、人事薪酬制度。完善合理分级诊疗模式，建立社区医生和居民契约服务关系。充分利用信息化手段，促进优质医疗资源纵向流动。加强区域公共卫生服务资源整合。取消以药补医，理顺医药价格，建立科学补偿机制。改革医保支付方式，健全全民医保体系。加快健全重特大疾病医疗保险和救助制度。完善中医药事业发展政策和机制。

鼓励社会办医，优先支持举办非营利性医疗机构。社会资金可直接投向资源稀缺及满足多元需求服务领域，多种形式参与公立医院改制重组。允许医师多点执业，允许民办医疗机构纳入医保定点范围。

坚持计划生育的基本国策，启动实施一方是独生子女的夫妇可生育两个孩子的政策，逐步调整完善生育政策，促进人口长期均衡发展。

十三、创新社会治理体制

创新社会治理，必须着眼于维护最广大人民根本利益，最大限度增加和谐因素，增强社会发展活力，提高社会治理水平，全面推进平安中国建设，维护国家安全，确保人民安居乐业、社会安定有序。

（47）改进社会治理方式。坚持系统治理，加强党委领导，发挥政府主导作用，鼓励和支持社会各方面参与，实现政府治理和社会自我调节、居民自治良性互动。坚持依法治理，加强法治保障，运用法治思维和法治方式化解社会矛盾。坚持综合治理，强化道德约束，规范社会行为，调节利益关系，协调社会关系，解决社会问题。坚持源头治理，标本兼治、重在治本，以网格化管理、社会化服务为方向，健全基层综合服务管理平台，及时反映和协调人民群众各方面各层次利益诉求。

（48）激发社会组织活力。正确处理政府和社会关系，加快实施政社分开，推进社会组织明确权责、依法自治、发挥作用。适合由社会组织提供的公共服务和解决的事项，交由社会组织承担。支持和发展志愿服务组织。限期实现行业协会商会与行政机关真正脱钩，重点培育和优先发展行业协会商会类、科技类、公益慈善类、城乡社区服务类社会组织，成立时直接依法申请登记。加强对社会组织和在华境外非政府组织的管理，引导它们依法开展活动。

（49）创新有效预防和化解社会矛盾体制。健全重大决策社会稳定风险评估机制。建立畅通有序的诉求表达、心理干预、矛盾调处、权益保障机制，使群众问题能反映、矛盾能化解、权益有保障。

改革行政复议体制，健全行政复议案件审理机制，纠正违法或不当行政行为。完善人民调解、行政调解、司法调解联动工作体系，建立调处化解矛盾纠纷综合机制。

改革信访工作制度，实行网上受理信访制度，健全及时就地解决群众合理诉求机制。把涉法涉诉信访纳入法治轨道解决，建立涉法涉诉信访依法终结制度。

（50）健全公共安全体系。完善统一权威的食品药品安全监管机构，建立最严格的覆盖全过程的监管制度，建立食品原产地可追溯制度和质量标识制度，保障食品药品安全。深化安全生产管理体制改革，建立隐患排查治理体系和安全预防控制体系，遏制重特大安全事故。健全防灾减灾救灾体制。加强社会治安综合治理，创新立体化社会治安防控体系，依法严密防范和惩治各类违法犯罪活动。

坚持积极利用、科学发展、依法管理、确保安全的方针，加大依法管理网络力度，加快完善互联网管理领导体制，确保国家网络和信息安全。

设立国家安全委员会，完善国家安全体制和国家安全战略，确保国家安全。

十四、加快生态文明制度建设

建设生态文明，必须建立系统完整的生态文明制度体系，实行最严格的源头保护制度、损害赔偿制度、责任追究制度，完善环境治理和生态修复制度，用制度保护生态环境。

（51）健全自然资源资产产权制度和用途管制制度。对水流、森林、山岭、草原、荒地、滩涂等自然生态空间进行统一确权登记，形成归属清晰、权责明确、监管有效的自然资源资产产权制度。建立空间规划体系，划定生产、生活、生态空间开发管制界限，落实用途管制。健全能源、水、土地节约集约使用制度。

健全国家自然资源资产管理体制，统一行使全民所有自然资源资产所有者职责。完善自然资源监管体制，统一行使所有国土空间用途管制职责。

（52）划定生态保护红线。坚定不移实施主体功能区制度，建立国土空间开发保护制度，严格按照主体功能区定位推动发展，建立国家公园体制。建立资源环境承载能力监测预警机制，对水土资源、环境容量和海洋资源超载区域实行限制性措施。对限制开发区域和生态脆弱的国家扶贫开发工作重点县取消地区生产总值考核。

探索编制自然资源资产负债表，对领导干部实行自然资源资产离任审计。建立生态环境损害责任终身追究制。

（53）实行资源有偿使用制度和生态补偿制度。加快自然资源及其产品价格改革，全面反映市场供求、资源稀缺程度、生态环境损害成本和修复效益。坚持使用资源付费和谁污染环境、谁破坏生态谁付费原则，逐步将资源税扩展到占用各种自然生态空间。稳定和扩大退耕还林、退牧还草范围，调整严重污染和地下水严重超采区耕地用途，有序实现耕地、河湖休养生息。建立有效调节工业用地和居住用地合理比价机制，提高工业用地价格。坚持谁受益、谁补偿原则，完善对重点生态功能区的生态补偿机制，推动地区间建立横向生态补偿制度。发展环保市场，推行节能量、碳排放权、排污权、水权交易制度，建立吸引社会资本投入生态环境保护的市场化机制，推行环境污染第三方治理。

（54）改革生态环境保护管理体制。建立和完善严格监管所有污染物排放的环境保护管理制度，独立进行环境监管和行政执法。建立陆海统筹的生态系统保护修复和污染防治区域联动机制。健全国有林区经营管理体制，完善集体林权制度改革。及时公布环境信息，健全举报制度，加强社会监督。完善污染物排放许可制，实行企事业单位污染物排放总量控制制度。对造成生态环境损害的责任者严格实行赔偿制度，依法追究刑事责任。

十五、深化国防和军队改革

紧紧围绕建设一支听党指挥、能打胜仗、作风优良的人民军队这一党在新形势下的强军目标，着力解决制约国防和军队建设发展的突出矛盾和问题，创新发展军事理论，加强军事战略指导，完善新时期军事战略方针，构建中国特色现代军事力量体系。

（55）深化军队体制编制调整改革。推进领导管理体制改革，优化军委总部领导机关职能配置和机构设置，完善各军兵种领导管理体制。健全军委联合作战指挥机构和战区联合作战指挥体制，推进联合作战训练和保障体制改革。完善新型作战力量领导体制。加强信息化建设集中统管。优化武装警察部队力量结构和指挥管理体制。

优化军队规模结构，调整改善军兵种比例、官兵比例、部队与机关比例，减少非战斗机构和人员。依据不同方向安全需求和作战任务改革部队编成。加快新型作战力量建设。深化军队院校改革，健全军队院校教育、部队训练实践、军事职业教育三位一体的新型军事人才培养体系。

（56）推进军队政策制度调整改革。健全完善与军队职能任务需求和国家政策制度创新相适应的军事人力资源政策制度。以建立军官职业化制度为牵引，逐步形成科学规范的军队干部制度体系。健全完善文职人员制度。完善兵役制度、士官制度、退役军人安置制度改革配套政策。

健全军费管理制度，建立需求牵引规划、规划主导资源配置机制。健全完善经费物资管理标准制度体系。深化预算管理、集中收付、物资采购和军人医疗、保险、住房保障等制度改革。

健全军事法规制度体系，探索改进部队科学管理的方式方法。

（57）推动军民融合深度发展。在国家层面建立推动军民融合发展的统一领导、军地协调、需求对接、资源共享机制。健全国防工业体系，完善国防科技协同创新体制，改革国防科研生产管理和武器装备采购体制机制，引导优势民营企业进入军品科研生产和维修领域。改革完善依托国民教育培养军事人才的政策制度。拓展军队保障社会化领域。深化国防教育改革。健全国防动员体制机制，完善平时征用和战时动员法规制度。深化民兵预备役体制改革。调整理顺边海空防管理体制机制。

十六、加强和改善党对全面深化改革的领导

全面深化改革必须加强和改善党的领导，充分发挥党总揽全局、协调各方的领导核心作用，建设学习型、服务型、创新型的马克思主义执政党，提高党的领导水平和执政能力，确保改革取得成功。

（58）全党同志要把思想和行动统一到中央关于全面深化改革重大决策部署上来，正确处理中央和地方、全局和局部、当前和长远的关系，正确对待利益格局调整，充分发扬党内民主，坚决维护中央权威，保证政令畅通，坚定不移实现中央改革决策部署。

中央成立全面深化改革领导小组，负责改革总体设计、统筹协调、整体推进、督促落实。

各级党委要切实履行对改革的领导责任，完善科学民主决策机制，以重大问题为导向，把各项改革举措落到实处。加强各级领导班子建设，完善干部教育培训和实践锻炼制度，不断提高领导班子和领导干部推动改革能力。创新基层党建工作，健全党的基层组织体系，充分发挥基层党组织的战斗堡垒作用，引导广大党员积极投身改革事业，发扬"钉钉子"精神，抓铁有痕、踏石留印，为全面深化改革作出积极贡献。

（59）全面深化改革，需要有力的组织保证和人才支撑。坚持党管干部原则，深化干部人事制度改革，构建有效管用、简便易行的选人用人机

制，使各方面优秀干部充分涌现。发挥党组织领导和把关作用，强化党委（党组）、分管领导和组织部门在干部选拔任用中的权重和干部考察识别的责任，改革和完善干部考核评价制度，改进竞争性选拔干部办法，改进优秀年轻干部培养选拔机制，区分实施选任制和委任制干部选拔方式，坚决纠正唯票取人、唯分取人等现象，用好各年龄段干部，真正把信念坚定、为民服务、勤政务实、敢于担当、清正廉洁的好干部选拔出来。

打破干部部门化，拓宽选人视野和渠道，加强干部跨条块跨领域交流。破除"官本位"观念，推进干部能上能下、能进能出。完善和落实领导干部问责制，完善从严管理干部队伍制度体系。深化公务员分类改革，推行公务员职务与职级并行、职级与待遇挂钩制度，加快建立专业技术类、行政执法类公务员和聘任人员管理制度。完善基层公务员录用制度，在艰苦边远地区适当降低进入门槛。

建立集聚人才体制机制，择天下英才而用之。打破体制壁垒，扫除身份障碍，让人人都有成长成才、脱颖而出的通道，让各类人才都有施展才华的广阔天地。完善党政机关、企事业单位、社会各方面人才顺畅流动的制度体系。健全人才向基层流动、向艰苦地区和岗位流动、在一线创业的激励机制。加快形成具有国际竞争力的人才制度优势，完善人才评价机制，增强人才政策开放度，广泛吸引境外优秀人才回国或来华创业发展。

（60）人民是改革的主体，要坚持党的群众路线，建立社会参与机制，充分发挥人民群众积极性、主动性、创造性，充分发挥工会、共青团、妇联等人民团体作用，齐心协力推进改革。鼓励地方、基层和群众大胆探索，加强重大改革试点工作，及时总结经验，宽容改革失误，加强宣传和舆论引导，为全面深化改革营造良好社会环境。

全党同志要紧密团结在以习近平同志为核心的党中央周围，锐意进取，攻坚克难，谱写改革开放伟大事业历史新篇章，为全面建成小康社会、不断夺取中国特色社会主义新胜利、实现中华民族伟大复兴的中国梦而奋斗！

附录二

优化营商环境条例

中华人民共和国国务院令第 722 号　2019 年 10 月 22 日

第一章　总　　则

第一条　为了持续优化营商环境，不断解放和发展社会生产力，加快建设现代化经济体系，推动高质量发展，制定本条例。

第二条　本条例所称营商环境，是指企业等市场主体在市场经济活动中所涉及的体制机制性因素和条件。

第三条　国家持续深化简政放权、放管结合、优化服务改革，最大限度减少政府对市场资源的直接配置，最大限度减少政府对市场活动的直接干预，加强和规范事中事后监管，着力提升政务服务能力和水平，切实降低制度性交易成本，更大激发市场活力和社会创造力，增强发展动力。

各级人民政府及其部门应当坚持政务公开透明，以公开为常态、不公开为例外，全面推进决策、执行、管理、服务、结果公开。

第四条　优化营商环境应当坚持市场化、法治化、国际化原则，以市场主体需求为导向，以深刻转变政府职能为核心，创新体制机制、强化协同联动、完善法治保障，对标国际先进水平，为各类市场主体投资兴业营造稳定、公平、透明、可预期的良好环境。

第五条　国家加快建立统一开放、竞争有序的现代市场体系，依法促进各类生产要素自由流动，保障各类市场主体公平参与市场竞争。

第六条　国家鼓励、支持、引导非公有制经济发展，激发非公有制经济活力和创造力。

国家进一步扩大对外开放，积极促进外商投资，平等对待内资企业、外商投资企业等各类市场主体。

第七条 各级人民政府应当加强对优化营商环境工作的组织领导，完善优化营商环境的政策措施，建立健全统筹推进、督促落实优化营商环境工作的相关机制，及时协调、解决优化营商环境工作中的重大问题。

县级以上人民政府有关部门应当按照职责分工，做好优化营商环境的相关工作。县级以上地方人民政府根据实际情况，可以明确优化营商环境工作的主管部门。

国家鼓励和支持各地区、各部门结合实际情况，在法治框架内积极探索原创性、差异化的优化营商环境具体措施；对探索中出现失误或者偏差，符合规定条件的，可以予以免责或者减轻责任。

第八条 国家建立和完善以市场主体和社会公众满意度为导向的营商环境评价体系，发挥营商环境评价对优化营商环境的引领和督促作用。

开展营商环境评价，不得影响各地区、各部门正常工作，不得影响市场主体正常生产经营活动或者增加市场主体负担。

任何单位不得利用营商环境评价谋取利益。

第九条 市场主体应当遵守法律法规，恪守社会公德和商业道德，诚实守信、公平竞争，履行安全、质量、劳动者权益保护、消费者权益保护等方面的法定义务，在国际经贸活动中遵循国际通行规则。

第二章 市场主体保护

第十条 国家坚持权利平等、机会平等、规则平等，保障各种所有制经济平等受到法律保护。

第十一条 市场主体依法享有经营自主权。对依法应当由市场主体自主决策的各类事项，任何单位和个人不得干预。

第十二条 国家保障各类市场主体依法平等使用资金、技术、人力资源、土地使用权及其他自然资源等各类生产要素和公共服务资源。

各类市场主体依法平等适用国家支持发展的政策。政府及其有关部门在政府资金安排、土地供应、税费减免、资质许可、标准制定、项目申报、职称评定、人力资源政策等方面，应当依法平等对待各类市场主体，不得制定或者实施歧视性政策措施。

第十三条　招标投标和政府采购应当公开透明、公平公正，依法平等对待各类所有制和不同地区的市场主体，不得以不合理条件或者产品产地来源等进行限制或者排斥。

政府有关部门应当加强招标投标和政府采购监管，依法纠正和查处违法违规行为。

第十四条　国家依法保护市场主体的财产权和其他合法权益，保护企业经营者人身和财产安全。

严禁违反法定权限、条件、程序对市场主体的财产和企业经营者个人财产实施查封、冻结和扣押等行政强制措施；依法确需实施前述行政强制措施的，应当限定在所必需的范围内。

禁止在法律、法规规定之外要求市场主体提供财力、物力或者人力的摊派行为。市场主体有权拒绝任何形式的摊派。

第十五条　国家建立知识产权侵权惩罚性赔偿制度，推动建立知识产权快速协同保护机制，健全知识产权纠纷多元化解决机制和知识产权维权援助机制，加大对知识产权的保护力度。

国家持续深化商标注册、专利申请便利化改革，提高商标注册、专利申请审查效率。

第十六条　国家加大中小投资者权益保护力度，完善中小投资者权益保护机制，保障中小投资者的知情权、参与权，提升中小投资者维护合法权益的便利度。

第十七条　除法律、法规另有规定外，市场主体有权自主决定加入或者退出行业协会商会等社会组织，任何单位和个人不得干预。

除法律、法规另有规定外，任何单位和个人不得强制或者变相强制市场主体参加评比、达标、表彰、培训、考核、考试以及类似活动，不得借前述活动向市场主体收费或者变相收费。

第十八条 国家推动建立全国统一的市场主体维权服务平台，为市场主体提供高效、便捷的维权服务。

第三章 市 场 环 境

第十九条 国家持续深化商事制度改革，统一企业登记业务规范，统一数据标准和平台服务接口，采用统一社会信用代码进行登记管理。

国家推进"证照分离"改革，持续精简涉企经营许可事项，依法采取直接取消审批、审批改为备案、实行告知承诺、优化审批服务等方式，对所有涉企经营许可事项进行分类管理，为企业取得营业执照后开展相关经营活动提供便利。除法律、行政法规规定的特定领域外，涉企经营许可事项不得作为企业登记的前置条件。

政府有关部门应当按照国家有关规定，简化企业从申请设立到具备一般性经营条件所需办理的手续。在国家规定的企业开办时限内，各地区应当确定并公开具体办理时间。

企业申请办理住所等相关变更登记的，有关部门应当依法及时办理，不得限制。除法律、法规、规章另有规定外，企业迁移后其持有的有效许可证件不再重复办理。

第二十条 国家持续放宽市场准入，并实行全国统一的市场准入负面清单制度。市场准入负面清单以外的领域，各类市场主体均可以依法平等进入。

各地区、各部门不得另行制定市场准入性质的负面清单。

第二十一条 政府有关部门应当加大反垄断和反不正当竞争执法力度，有效预防和制止市场经济活动中的垄断行为、不正当竞争行为以及滥用行政权力排除、限制竞争的行为，营造公平竞争的市场环境。

第二十二条 国家建立健全统一开放、竞争有序的人力资源市场体系，打破城乡、地区、行业分割和身份、性别等歧视，促进人力资源有序社会性流动和合理配置。

第二十三条 政府及其有关部门应当完善政策措施、强化创新服务，鼓励和支持市场主体拓展创新空间，持续推进产品、技术、商业模式、管理等创新，充分发挥市场主体在推动科技成果转化中的作用。

第二十四条 政府及其有关部门应当严格落实国家各项减税降费政策，及时研究解决政策落实中的具体问题，确保减税降费政策全面、及时惠及市场主体。

第二十五条 设立政府性基金、涉企行政事业性收费、涉企保证金，应当有法律、行政法规依据或者经国务院批准。对政府性基金、涉企行政事业性收费、涉企保证金以及实行政府定价的经营服务性收费，实行目录清单管理并向社会公开，目录清单之外的前述收费和保证金一律不得执行。推广以金融机构保函替代现金缴纳涉企保证金。

第二十六条 国家鼓励和支持金融机构加大对民营企业、中小企业的支持力度，降低民营企业、中小企业综合融资成本。

金融监督管理部门应当完善对商业银行等金融机构的监管考核和激励机制，鼓励、引导其增加对民营企业、中小企业的信贷投放，并合理增加中长期贷款和信用贷款支持，提高贷款审批效率。

商业银行等金融机构在授信中不得设置不合理条件，不得对民营企业、中小企业设置歧视性要求。商业银行等金融机构应当按照国家有关规定规范收费行为，不得违规向服务对象收取不合理费用。商业银行应当向社会公开开设企业账户的服务标准、资费标准和办理时限。

第二十七条 国家促进多层次资本市场规范健康发展，拓宽市场主体融资渠道，支持符合条件的民营企业、中小企业依法发行股票、债券以及其他融资工具，扩大直接融资规模。

第二十八条 供水、供电、供气、供热等公用企事业单位应当向社会公开服务标准、资费标准等信息，为市场主体提供安全、便捷、稳定和价格合理的服务，不得强迫市场主体接受不合理的服务条件，不得以任何名义收取不合理费用。各地区应当优化报装流程，在国家规定的报装办理时限内确定并公开具体办理时间。

政府有关部门应当加强对公用企事业单位运营的监督管理。

第二十九条　行业协会商会应当依照法律、法规和章程，加强行业自律，及时反映行业诉求，为市场主体提供信息咨询、宣传培训、市场拓展、权益保护、纠纷处理等方面的服务。

国家依法严格规范行业协会商会的收费、评比、认证等行为。

第三十条　国家加强社会信用体系建设，持续推进政务诚信、商务诚信、社会诚信和司法公信建设，提高全社会诚信意识和信用水平，维护信用信息安全，严格保护商业秘密和个人隐私。

第三十一条　地方各级人民政府及其有关部门应当履行向市场主体依法作出的政策承诺以及依法订立的各类合同，不得以行政区划调整、政府换届、机构或者职能调整以及相关责任人更替等为由违约毁约。因国家利益、社会公共利益需要改变政策承诺、合同约定的，应当依照法定权限和程序进行，并依法对市场主体因此受到的损失予以补偿。

第三十二条　国家机关、事业单位不得违约拖欠市场主体的货物、工程、服务等账款，大型企业不得利用优势地位拖欠中小企业账款。

县级以上人民政府及其有关部门应当加大对国家机关、事业单位拖欠市场主体账款的清理力度，并通过加强预算管理、严格责任追究等措施，建立防范和治理国家机关、事业单位拖欠市场主体账款的长效机制。

第三十三条　政府有关部门应当优化市场主体注销办理流程，精简申请材料、压缩办理时间、降低注销成本。对设立后未开展生产经营活动或者无债权债务的市场主体，可以按照简易程序办理注销。对有债权债务的市场主体，在债权债务依法解决后及时办理注销。

县级以上地方人民政府应当根据需要建立企业破产工作协调机制，协调解决企业破产过程中涉及的有关问题。

第四章　政　务　服　务

第三十四条　政府及其有关部门应当进一步增强服务意识，切实转变工作作风，为市场主体提供规范、便利、高效的政务服务。

第三十五条 政府及其有关部门应当推进政务服务标准化，按照减环节、减材料、减时限的要求，编制并向社会公开政务服务事项（包括行政权力事项和公共服务事项，下同）标准化工作流程和办事指南，细化量化政务服务标准，压缩自由裁量权，推进同一事项实行无差别受理、同标准办理。没有法律、法规、规章依据，不得增设政务服务事项的办理条件和环节。

第三十六条 政府及其有关部门办理政务服务事项，应当根据实际情况，推行当场办结、一次办结、限时办结等制度，实现集中办理、就近办理、网上办理、异地可办。需要市场主体补正有关材料、手续的，应当一次性告知需要补正的内容；需要进行现场踏勘、现场核查、技术审查、听证论证的，应当及时安排、限时办结。

法律、法规、规章以及国家有关规定对政务服务事项办理时限有规定的，应当在规定的时限内尽快办结；没有规定的，应当按照合理、高效的原则确定办理时限并按时办结。各地区可以在国家规定的政务服务事项办理时限内进一步压减时间，并应当向社会公开；超过办理时间的，办理单位应当公开说明理由。

地方各级人民政府已设立政务服务大厅的，本行政区域内各类政务服务事项一般应当进驻政务服务大厅统一办理。对政务服务大厅中部门分设的服务窗口，应当创造条件整合为综合窗口，提供一站式服务。

第三十七条 国家加快建设全国一体化在线政务服务平台（以下称一体化在线平台），推动政务服务事项在全国范围内实现"一网通办"。除法律、法规另有规定或者涉及国家秘密等情形外，政务服务事项应当按照国务院确定的步骤，纳入一体化在线平台办理。

国家依托一体化在线平台，推动政务信息系统整合，优化政务流程，促进政务服务跨地区、跨部门、跨层级数据共享和业务协同。政府及其有关部门应当按照国家有关规定，提供数据共享服务，及时将有关政务服务数据上传至一体化在线平台，加强共享数据使用全过程管理，确保共享数据安全。

国家建立电子证照共享服务系统，实现电子证照跨地区、跨部门共享和全国范围内互信互认。各地区、各部门应当加强电子证照的推广应用。

各地区、各部门应当推动政务服务大厅与政务服务平台全面对接融合。市场主体有权自主选择政务服务办理渠道，行政机关不得限定办理渠道。

第三十八条　政府及其有关部门应当通过政府网站、一体化在线平台，集中公布涉及市场主体的法律、法规、规章、行政规范性文件和各类政策措施，并通过多种途径和方式加强宣传解读。

第三十九条　国家严格控制新设行政许可。新设行政许可应当按照行政许可法和国务院的规定严格设定标准，并进行合法性、必要性和合理性审查论证。对通过事中事后监管或者市场机制能够解决以及行政许可法和国务院规定不得设立行政许可的事项，一律不得设立行政许可，严禁以备案、登记、注册、目录、规划、年检、年报、监制、认定、认证、审定以及其他任何形式变相设定或者实施行政许可。

法律、行政法规和国务院决定对相关管理事项已作出规定，但未采取行政许可管理方式的，地方不得就该事项设定行政许可。对相关管理事项尚未制定法律、行政法规的，地方可以依法就该事项设定行政许可。

第四十条　国家实行行政许可清单管理制度，适时调整行政许可清单并向社会公布，清单之外不得违法实施行政许可。

国家大力精简已有行政许可。对已取消的行政许可，行政机关不得继续实施或者变相实施，不得转由行业协会商会或者其他组织实施。

对实行行政许可管理的事项，行政机关应当通过整合实施、下放审批层级等多种方式，优化审批服务，提高审批效率，减轻市场主体负担。符合相关条件和要求的，可以按照有关规定采取告知承诺的方式办理。

第四十一条　县级以上地方人民政府应当深化投资审批制度改革，根据项目性质、投资规模等分类规范投资审批程序，精简审批要件，简化技术审查事项，强化项目决策与用地、规划等建设条件落实的协同，实行与相关审批在线并联办理。

第四十二条 设区的市级以上地方人民政府应当按照国家有关规定，优化工程建设项目（不包括特殊工程和交通、水利、能源等领域的重大工程）审批流程，推行并联审批、多图联审、联合竣工验收等方式，简化审批手续，提高审批效能。

在依法设立的开发区、新区和其他有条件的区域，按照国家有关规定推行区域评估，由设区的市级以上地方人民政府组织对一定区域内压覆重要矿产资源、地质灾害危险性等事项进行统一评估，不再对区域内的市场主体单独提出评估要求。区域评估的费用不得由市场主体承担。

第四十三条 作为办理行政审批条件的中介服务事项（以下称法定行政审批中介服务）应当有法律、法规或者国务院决定依据；没有依据的，不得作为办理行政审批的条件。中介服务机构应当明确办理法定行政审批中介服务的条件、流程、时限、收费标准，并向社会公开。

国家加快推进中介服务机构与行政机关脱钩。行政机关不得为市场主体指定或者变相指定中介服务机构；除法定行政审批中介服务外，不得强制或者变相强制市场主体接受中介服务。行政机关所属事业单位、主管的社会组织及其举办的企业不得开展与本机关所负责行政审批相关的中介服务，法律、行政法规另有规定的除外。

行政机关在行政审批过程中需要委托中介服务机构开展技术性服务的，应当通过竞争性方式选择中介服务机构，并自行承担服务费用，不得转嫁给市场主体承担。

第四十四条 证明事项应当有法律、法规或者国务院决定依据。

设定证明事项，应当坚持确有必要、从严控制的原则。对通过法定证照、法定文书、书面告知承诺、政府部门内部核查和部门间核查、网络核验、合同凭证等能够办理，能够被其他材料涵盖或者替代，以及开具单位无法调查核实的，不得设定证明事项。

政府有关部门应当公布证明事项清单，逐项列明设定依据、索要单位、开具单位、办理指南等。清单之外，政府部门、公用企事业单位和服务机构不得索要证明。各地区、各部门之间应当加强证明的互认共享，避免重复索要证明。

第四十五条 政府及其有关部门应当按照国家促进跨境贸易便利化的有关要求，依法削减进出口环节审批事项，取消不必要的监管要求，优化简化通关流程，提高通关效率，清理规范口岸收费，降低通关成本，推动口岸和国际贸易领域相关业务统一通过国际贸易"单一窗口"办理。

第四十六条 税务机关应当精简办税资料和流程，简并申报缴税次数，公开涉税事项办理时限，压减办税时间，加大推广使用电子发票的力度，逐步实现全程网上办税，持续优化纳税服务。

第四十七条 不动产登记机构应当按照国家有关规定，加强部门协作，实行不动产登记、交易和缴税一窗受理、并行办理，压缩办理时间，降低办理成本。在国家规定的不动产登记时限内，各地区应当确定并公开具体办理时间。

国家推动建立统一的动产和权利担保登记公示系统，逐步实现市场主体在一个平台上办理动产和权利担保登记。纳入统一登记公示系统的动产和权利范围另行规定。

第四十八条 政府及其有关部门应当按照构建亲清新型政商关系的要求，建立畅通有效的政企沟通机制，采取多种方式及时听取市场主体的反映和诉求，了解市场主体生产经营中遇到的困难和问题，并依法帮助其解决。

建立政企沟通机制，应当充分尊重市场主体意愿，增强针对性和有效性，不得干扰市场主体正常生产经营活动，不得增加市场主体负担。

第四十九条 政府及其有关部门应当建立便利、畅通的渠道，受理有关营商环境的投诉和举报。

第五十条 新闻媒体应当及时、准确宣传优化营商环境的措施和成效，为优化营商环境创造良好舆论氛围。

国家鼓励对营商环境进行舆论监督，但禁止捏造虚假信息或者歪曲事实进行不实报道。

第五章　监管执法

第五十一条　政府有关部门应当严格按照法律法规和职责，落实监管责任，明确监管对象和范围、厘清监管事权，依法对市场主体进行监管，实现监管全覆盖。

第五十二条　国家健全公开透明的监管规则和标准体系。国务院有关部门应当分领域制定全国统一、简明易行的监管规则和标准，并向社会公开。

第五十三条　政府及其有关部门应当按照国家关于加快构建以信用为基础的新型监管机制的要求，创新和完善信用监管，强化信用监管的支撑保障，加强信用监管的组织实施，不断提升信用监管效能。

第五十四条　国家推行"双随机、一公开"监管，除直接涉及公共安全和人民群众生命健康等特殊行业、重点领域外，市场监管领域的行政检查应当通过随机抽取检查对象、随机选派执法检查人员、抽查事项及查处结果及时向社会公开的方式进行。针对同一检查对象的多个检查事项，应当尽可能合并或者纳入跨部门联合抽查范围。

对直接涉及公共安全和人民群众生命健康等特殊行业、重点领域，依法依规实行全覆盖的重点监管，并严格规范重点监管的程序；对通过投诉举报、转办交办、数据监测等发现的问题，应当有针对性地进行检查并依法依规处理。

第五十五条　政府及其有关部门应当按照鼓励创新的原则，对新技术、新产业、新业态、新模式等实行包容审慎监管，针对其性质、特点分类制定和实行相应的监管规则和标准，留足发展空间，同时确保质量和安全，不得简单化予以禁止或者不予监管。

第五十六条　政府及其有关部门应当充分运用互联网、大数据等技术手段，依托国家统一建立的在线监管系统，加强监管信息归集共享和关联整合，推行以远程监管、移动监管、预警防控为特征的非现场监管，提升监管的精准化、智能化水平。

第五十七条 国家建立健全跨部门、跨区域行政执法联动响应和协作机制，实现违法线索互联、监管标准互通、处理结果互认。

国家统筹配置行政执法职能和执法资源，在相关领域推行综合行政执法，整合精简执法队伍，减少执法主体和执法层级，提高基层执法能力。

第五十八条 行政执法机关应当按照国家有关规定，全面落实行政执法公示、行政执法全过程记录和重大行政执法决定法制审核制度，实现行政执法信息及时准确公示、行政执法全过程留痕和可回溯管理、重大行政执法决定法制审核全覆盖。

第五十九条 行政执法中应当推广运用说服教育、劝导示范、行政指导等非强制性手段，依法慎重实施行政强制。采用非强制性手段能够达到行政管理目的的，不得实施行政强制；违法行为情节轻微或者社会危害较小的，可以不实施行政强制；确需实施行政强制的，应当尽可能减少对市场主体正常生产经营活动的影响。

开展清理整顿、专项整治等活动，应当严格依法进行，除涉及人民群众生命安全、发生重特大事故或者举办国家重大活动，并报经有权机关批准外，不得在相关区域采取要求相关行业、领域的市场主体普遍停产、停业的措施。

禁止将罚没收入与行政执法机关利益挂钩。

第六十条 国家健全行政执法自由裁量基准制度，合理确定裁量范围、种类和幅度，规范行政执法自由裁量权的行使。

第六章 法治保障

第六十一条 国家根据优化营商环境需要，依照法定权限和程序及时制定或者修改、废止有关法律、法规、规章、行政规范性文件。

优化营商环境的改革措施涉及调整实施现行法律、行政法规等有关规定的，依照法定程序经有权机关授权后，可以先行先试。

第六十二条 制定与市场主体生产经营活动密切相关的行政法规、规章、行政规范性文件，应当按照国务院的规定，充分听取市场主体、行业协会商会的意见。

除依法需要保密外，制定与市场主体生产经营活动密切相关的行政法规、规章、行政规范性文件，应当通过报纸、网络等向社会公开征求意见，并建立健全意见采纳情况反馈机制。向社会公开征求意见的期限一般不少于30日。

第六十三条 制定与市场主体生产经营活动密切相关的行政法规、规章、行政规范性文件，应当按照国务院的规定进行公平竞争审查。

制定涉及市场主体权利义务的行政规范性文件，应当按照国务院的规定进行合法性审核。

市场主体认为地方性法规同行政法规相抵触，或者认为规章同法律、行政法规相抵触的，可以向国务院书面提出审查建议，由有关机关按照规定程序处理。

第六十四条 没有法律、法规或者国务院决定和命令依据的，行政规范性文件不得减损市场主体合法权益或者增加其义务，不得设置市场准入和退出条件，不得干预市场主体正常生产经营活动。

涉及市场主体权利义务的行政规范性文件应当按照法定要求和程序予以公布，未经公布的不得作为行政管理依据。

第六十五条 制定与市场主体生产经营活动密切相关的行政法规、规章、行政规范性文件，应当结合实际，确定是否为市场主体留出必要的适应调整期。

政府及其有关部门应当统筹协调、合理把握规章、行政规范性文件等的出台节奏，全面评估政策效果，避免因政策叠加或者相互不协调对市场主体正常生产经营活动造成不利影响。

第六十六条 国家完善调解、仲裁、行政裁决、行政复议、诉讼等有机衔接、相互协调的多元化纠纷解决机制，为市场主体提供高效、便捷的纠纷解决途径。

第六十七条 国家加强法治宣传教育，落实国家机关普法责任制，提高国家工作人员依法履职能力，引导市场主体合法经营、依法维护自身合法权益，不断增强全社会的法治意识，为营造法治化营商环境提供基础性支撑。

第六十八条 政府及其有关部门应当整合律师、公证、司法鉴定、调解、仲裁等公共法律服务资源，加快推进公共法律服务体系建设，全面提升公共法律服务能力和水平，为优化营商环境提供全方位法律服务。

第六十九条 政府和有关部门及其工作人员有下列情形之一的，依法依规追究责任：

（一）违法干预应当由市场主体自主决策的事项；

（二）制定或者实施政策措施不依法平等对待各类市场主体；

（三）违反法定权限、条件、程序对市场主体的财产和企业经营者个人财产实施查封、冻结和扣押等行政强制措施；

（四）在法律、法规规定之外要求市场主体提供财力、物力或者人力；

（五）没有法律、法规依据，强制或者变相强制市场主体参加评比、达标、表彰、培训、考核、考试以及类似活动，或者借前述活动向市场主体收费或者变相收费；

（六）违法设立或者在目录清单之外执行政府性基金、涉企行政事业性收费、涉企保证金；

（七）不履行向市场主体依法作出的政策承诺以及依法订立的各类合同，或者违约拖欠市场主体的货物、工程、服务等账款；

（八）变相设定或者实施行政许可，继续实施或者变相实施已取消的行政许可，或者转由行业协会商会或者其他组织实施已取消的行政许可；

（九）为市场主体指定或者变相指定中介服务机构，或者违法强制市场主体接受中介服务；

（十）制定与市场主体生产经营活动密切相关的行政法规、规章、行政规范性文件时，不按照规定听取市场主体、行业协会商会的意见；

（十一）其他不履行优化营商环境职责或者损害营商环境的情形。

第七十条 公用企事业单位有下列情形之一的，由有关部门责令改正，依法追究法律责任：

（一）不向社会公开服务标准、资费标准、办理时限等信息；

（二）强迫市场主体接受不合理的服务条件；

（三）向市场主体收取不合理费用。

第七十一条 行业协会商会、中介服务机构有下列情形之一的，由有关部门责令改正，依法追究法律责任：

（一）违法开展收费、评比、认证等行为；

（二）违法干预市场主体加入或者退出行业协会商会等社会组织；

（三）没有法律、法规依据，强制或者变相强制市场主体参加评比、达标、表彰、培训、考核、考试以及类似活动，或者借前述活动向市场主体收费或者变相收费；

（四）不向社会公开办理法定行政审批中介服务的条件、流程、时限、收费标准；

（五）违法强制或者变相强制市场主体接受中介服务。

第七章　附　　则

第七十二条 本条例自 2020 年 1 月 1 日起施行。

附录三

贵州省优化营商环境条例

第一章 总 则

第一条 为持续优化营商环境，维护市场主体合法权益，激发市场活力和社会创造力，推动经济高质量发展，根据《优化营商环境条例》和有关法律、法规的规定，结合本省实际，制定本条例。

第二条 本省行政区域内的优化营商环境工作，适用本条例。

本条例所称营商环境，是指企业等市场主体在市场经济活动中所涉及的体制机制性因素和条件。

第三条 优化营商环境应当坚持市场化、法治化、国际化原则，以市场主体需求为导向，持续深化简政放权、放管结合、优化服务改革，践行有求必应、无事不扰的服务理念，打造以企业为贵、以契约为贵、以效率为贵、以法治为贵的贵人服务品牌，营造稳定、公平、透明、可预期的营商环境。

第四条 省人民政府应当坚持优化营商环境改革的系统性、整体性和协同性，强化系统集成，整体推进；健全完善省级营商环境联席会议机制，省人民政府负责人牵头，市州人民政府、省人民政府有关部门（单位）主要负责人参与，统筹推进营商环境建设各项工作。

各级人民政府应当加强对本行政区域内优化营商环境工作的组织领导，完善优化营商环境的政策措施，建立健全统筹推进、督促落实优化营商环境工作机制和优化营商环境联席会议制度，及时协调、解决优化营商环境工作中的重大问题。各级人民政府主要负责人是本行政区域优化营商环境工作的第一责任人。

省人民政府投资促进部门负责全省优化营商环境工作，市州、县级人民政府优化营商环境工作主管部门负责组织、指导、协调、督促本行政区域的优化营商环境工作。

县级以上人民政府发展改革、市场监管、自然资源、住房城乡建设、人力资源社会保障等部门以及监察机关、司法机关、其他有关单位应当按照各自职责开展优化营商环境相关工作。

第五条　县级以上人民政府应当将优化营商环境工作纳入高质量发展绩效考核，完善考核标准，建立健全优化营商环境工作奖惩机制，对工作成效显著的部门、单位和个人按照规定给予表彰，对不作为、慢作为、乱作为的部门和单位予以问责。

第六条　省人民政府应当建立健全优化营商环境评价制度，开展全省优化营商环境考核评价工作并将考核工作方案、考核流程以及考核评价结果向社会公布。

县级以上人民政府及其部门应当根据营商环境考核评价结果，及时调整完善优化营商环境的政策措施。

开展营商环境评价，不得影响各地区、各部门正常工作，不得影响市场主体正常生产经营活动或者增加市场主体负担。

任何单位不得利用营商环境评价谋取利益。

第七条　本省主动对接国家发展战略，争取国家综合授权和改革试点，鼓励和支持贵州国家级开放创新平台等功能区域先行先试有利于优化营商环境的改革措施，发挥引领示范作用。

第八条　县级以上人民政府及其有关部门可以结合实际情况，在法治框架内积极探索优化营商环境具体措施。对探索中出现失误或者偏差，但有关单位和个人依照国家和本省有关规定、决策实施，且勤勉尽责、未牟取私利的，不作负面评价，依法予以免责或者减轻责任。

第九条　县级以上人民政府应当建立优化营商环境义务监督员制度，聘请人大代表、政协委员、行业协会商会代表、市场主体代表以及律师、会计师、新闻记者等有关社会人士作为义务监督员，对营商环境进行社会监督。

第十条 省人民政府优化营商环境工作主管部门负责贵人服务品牌建设与维护，丰富品牌内涵，加强线上线下品牌推广，全面提升贵人服务品牌的知名度与美誉度。

新闻媒体应当及时、准确宣传优化营商环境的措施和成效，推广典型经验，弘扬诚实信用和契约精神，为优化营商环境创造良好舆论氛围。

第二章 市场主体保护

第十一条 各级人民政府应当保障各类市场主体依法平等使用资金、技术、人力资源、数据资源、土地使用权、水电气网及其他自然资源等生产要素和公共服务资源，对各类市场主体平等适用国家和本省支持发展的政策，不得制定或者实施歧视性政策措施。

第十二条 县级以上人民政府发展改革部门指导和协调本行政区域的招标投标工作。县级以上人民政府有关部门按照规定的职责分工，对招标投标活动实施监督，推广运用大数据等手段依法查处招标投标活动中的违法行为。

第十三条 除法律、法规另有规定外，政府采购和招标投标等公共资源交易活动，不得有下列限制或者排斥潜在供应商或者投标人的行为：

（一）设置或者限定潜在供应商或者投标人的所有制形式、组织形式或者股权结构、规模、注册地等超出采购目的的非必要条件；

（二）要求潜在供应商或者投标人设立分支机构；

（三）以特定行政区域或者特定行业的业绩、奖项作为投标条件、加分条件、中标条件；

（四）限定或者指定特定的专利、商标、品牌、原产地或者供应商等；

（五）除小额零星采购适用的协议供货、定点采购、电子卖场交易以及国家另有规定的情形外，通过入围方式设置备选库、名录库、资格库作为参与政府采购活动的资格条件；

（六）其他限制或者排斥潜在供应商或者投标人的行为。

第十四条 省、市州人民政府应当完善公共资源交易制度，将依法必须招标的工程建设项目招标投标、国有土地使用权和矿业权出让、国有产权交易、政府采购等纳入公共资源交易平台；县级以上人民政府应当结合实际，推进其他各类公共资源交易纳入统一平台。全面推行公共资源全程电子化、无纸化交易，实现一表申请、一证通用、一网通办服务。

公共资源交易应当实行目录清单管理，依法公开公共资源交易的规则、流程、结果等信息，保障各类市场主体及时获取相关信息并平等参与交易活动。

第十五条 国家机关应当依法保护市场主体的合法权益，保护企业经营者人身和财产安全。

禁止违反法定权限、条件、程序对市场主体的财产和企业经营者个人财产实施查封、冻结和扣押等行政强制措施；依法确需采取强制措施的，不得超标的、超范围实施，最大限度减轻对市场主体正常生产经营的不利影响。

禁止在法律、法规规定之外要求市场主体提供财力、物力或者人力的摊派行为。市场主体有权拒绝任何形式的摊派。

第十六条 县级以上人民政府应当依法加强对市场主体的知识产权保护，完善知识产权保护机制，推动行政保护和司法保护相衔接。

县级以上人民政府知识产权主管部门应当健全知识产权保护的举报、投诉、维权、援助以及有关案件行政处理的快速通道机制，鼓励、引导企业建立专利预警制度，支持行业协会、知识产权中介服务机构为企业提供目标市场的知识产权预警和战略分析服务。

省人民政府知识产权主管部门应当建立知识产权海外应急援助机制，指导企业、行业协会制定海外重大突发知识产权案件应对预案，支持行业协会、知识产权中介服务机构为企业提供海外知识产权纠纷、争端和突发事件的应急援助。

第十七条 本省加大对中小投资者权益的保护力度，完善中小投资者权益保护机制，依法保障中小投资者的知情权、参与权，提升中小投资者维护合法权益的便利度。

第十八条　县级以上人民政府优化营商环境工作主管部门应当建立健全优化营商环境投诉处理机制，畅通快速处理渠道。任何单位和个人可以通过 12345 政务服务便民热线、一体化在线政务服务平台等对有关营商环境方面的问题举报、投诉。

县级以上人民政府优化营商环境工作主管部门应当在受理营商环境投诉之日起 1 日内将投诉事项交相关单位承办，一般事项 5 日内办结，疑难事项 15 日内办结。承办单位职责范围内难以处理的重大疑难事项，应当报请同级人民政府召开优化营商环境联席会议协调处理并及时向举报投诉人反馈处理意见。

第三章　市　场　环　境

第十九条　各级人民政府及其有关部门应当实行全国统一的市场准入负面清单制度，不得另行制定市场准入性质的负面清单。市场准入负面清单以外的领域，各类市场主体均可以依法平等进入。

外商投资实行准入前国民待遇加负面清单管理制度。外商投资准入负面清单以外的领域，按照内外资一致的原则实施管理。县级以上人民政府可以根据法律、法规的规定，在法定权限内制定外商投资促进和便利化政策措施。

县级以上人民政府在法定权限内依法制定的外商投资促进和便利化政策措施，必须对外公布；未经公布的，不得作为外商投资优惠的依据。

第二十条　按照国家有关规定推进证照分离和多证合一，将涉企经营许可事项纳入证照分离改革范围，依法通过直接取消审批、审批改为备案、实行告知承诺、优化审批服务等方式分类推进改革。除法律、行政法规规定的特定领域外，涉企经营许可事项不得作为企业登记的前置条件。

市场监管、公安、税务、人力资源社会保障、住房城乡建设、医保、人民银行等有关部门和单位应当实行营业执照、刻制印章、申领发票和税控设备、员工参保登记、住房公积金企业缴存登记、医保登记、银行开户等服务事项一网通办。申请材料齐全、符合法定形式的，有关部门和单位应当即时办结；不能即时办结的，应当在1日内办结。

企业申请办理住所等相关变更登记的，市场主体登记部门应当依法及时办理，不得限制。除法律、法规、规章另有规定外，企业迁移后其持有的有效许可证件不再重复办理。

第二十一条 市、县人民政府向市场主体供应土地应当符合下列要求，防止造成土地闲置：

（一）土地权利清晰；

（二）安置补偿落实到位；

（三）没有法律经济纠纷；

（四）地块位置、使用性质、容积率等规划条件明确；

（五）具备动工开发所必需的其他基本条件。

未按照土地使用权出让合同或者划拨决定书确定的期限、条件将土地交付给市场主体，致使项目不具备动工开发条件的，应当依法承担相应法律责任。

第二十二条 县级以上人民政府应当创新人才引进培养、评价使用、激励保障等体制机制，通过政策和资金扶持吸引高层次创新创业人才、重点产业人才、重点领域人才和高技能人才，在职称评定、住房安居、医疗保障、配偶安置、子女入学等方面优先提供服务保障。支持市场主体与高等学校、科研机构联合培养高层次人才。

县级以上人民政府及其有关部门应当按照国家建立统一开放、竞争有序的人力资源市场体系要求，大力支持人力资源服务产业园区建设，培育产业化、专业化、品牌化、国际化人力资源服务机构，积极推动人事档案信息化建设，为人力资源合理流动和优化配置提供服务。

人力资源社会保障部门应当加大主导产业紧缺人才培养力度，支持困难企业开展职工在岗培训，健全就业需求调查、动态监测和失业监测预警机制，及时公布人力资源供给与市场需求信息。组织实施急需职业和工种的人才培养开发计划，构建技能人才终身培训体系，培育技艺精湛、门类齐全、结构合理、素质优良的工匠人才。

第二十三条 县级以上人民政府科技主管等部门应当加强众创空间、科技企业孵化器、大学科技园等创新创业载体建设，构建科技成果转化统筹协调与服务平台，建立健全各类创新产业基金引导和运行机制，持续推进产品、技术、商业模式、管理等创新。

第二十四条 发展改革、财政、税务等有关部门应当及时公布惠企政策清单，做好政策宣传和辅导，主动精准向市场主体推送惠企政策，及时研究解决政策落实中的具体问题，确保政策全面、及时惠及各类市场主体。

实行惠企政策免申即享，通过政府部门信息共享等方式，实现符合条件的企业免予申报、直接享受政策。确需市场主体提出申请的惠企政策，应当合理设置并公开申请条件，简化申报手续，实现一次申报、全程网办、快速兑现。

第二十五条 省人民政府财政、发展改革、工业和信息化等部门应当按照职责分工对依法设立的涉企行政事业性收费、政府性基金、政府定价的经营服务性收费和涉企保证金，实行目录清单管理，明确收取依据和标准，向社会公布。目录清单之外的前述收费和保证金，一律不得执行。

设立涉企的行政事业性收费、政府定价的经营服务性收费项目、制定收费标准，应当按照国家有关规定执行。收费单位应当将收缴依据和标准在收费场所和单位门户网站进行公示。

推广以金融机构保函替代现金缴纳涉企保证金，并在相关规范和办事指南中予以明确。

第二十六条 鼓励和引导各类金融机构在符合国家金融政策的前提下，增加对民营企业、中小微企业的信贷投放，合理增加中长期贷款和信用贷款支持。建立民营企业、中小微企业服务绿色通道，进一步优化流程，提高服务效率，降低民营企业、中小微企业融资成本。禁止在民营企业、中小微企业融资中违法违规附加费用、搭售产品。

鼓励有条件的市州人民政府建立完善企业融资综合服务平台，通过有效整合市场监管、海关、司法、税务、不动产登记、水电气、公积金、社会保险等涉企信用信息，为民营企业、中小微企业提供融资综合信用服务。

金融机构应当规范服务及收费行为，不得向市场主体违规收取服务费用，不得转嫁依法依规应当由金融机构承担的费用。

第二十七条 县级以上人民政府应当大力发展政府性融资担保机构，建立信贷风险补偿机制和风险分担机制，以提高政府性融资担保机构的担保能力为目的，适当降低或者取消盈利考核评价要求，引导政府性融资担保机构扩大担保业务规模，提高抵（质）押物折扣率，降低担保费率。

支持政府性融资担保机构依法创新担保产品，扩大担保物范围，允许使用知识产权、股权、应收账款、产品订单、保单、存货、机器设备等资产进行抵（质）押。

支持区域性股权市场、小额贷款公司、融资担保公司、融资租赁公司等地方金融组织按照相关规定开发特色金融产品和服务。鼓励政府性融资担保、再担保机构与商业性融资担保机构合作开展中小微企业融资担保业务。

第二十八条 省、市州人民政府应当推进公共数据资源有序开放、开发利用，在安全可控前提下，推动普惠金融场景应用，实现金融机构依法合规使用市场监管、海关、司法、税务、不动产登记、环保、公积金、社会保险等政务数据和水电气等公用事业数据，并依法保护商业秘密、个人信息。

鼓励征信机构和信用评级机构发展，支持依法收集利用政务信息等数据资源，提升征信服务和信用评级水平。鼓励和支持金融机构在信贷审批、风险防范、证券发行、信用担保、保证保险等领域使用第三方信用服务产品。

第二十九条 供水、供电、供气、通信、邮政、广电等公用企业事业单位应当优化服务意识和服务流程，推广实行协同联办，提供报装申请全流程网上办理，简化报装手续、压减申报材料、压缩办理时限。

公用企业事业单位应当推行接入和服务的标准化，确保接入标准、服务标准公开透明，并提供相关延伸服务和一站式服务。鼓励公用企业事业单位为市场主体提供全程代办服务。

禁止公用企业事业单位指定市场主体购买第三方产品或者服务，供水供电等企业不得借验收等手段排挤相关市场主体。

第三十条 城镇内的市场主体报装水、电、气需要在红线外新增配套设施建设的，由供水、供电、供气等企业承担的部分，纳入企业经营成本；按规定由政府承担的部分，应当及时拨款委托供水、供电、供气等企业建设，或者由政府直接投资建设。

公用企业事业单位同步申请多种市政接入的，有关部门应当并联办理。

第三十一条 供电企业应当保障供电设施正常、稳定运行，确保供电质量符合国家规定。县级以上人民政府电力行政主管部门应当加强对供电企业年供电可靠率的监督。

供水、供电、供气、通信、邮政、广电等公用企业事业单位收费应当明码标价，减少收费环节，禁止违规收费。

第三十二条 本省培育和发展各类行业协会商会。行业协会商会应当加强内部管理和能力建设，规范行业秩序，健全行业经营自律规范、自律公约和职业道德准则，完善自律约束机制，促进业界自治和市场主体自律，遵守法律法规，恪守社会公德和商业道德。

行业协会商会应当关注企业发展问题，及时反映行业诉求，为市场主体提供信息咨询、宣传培训、市场拓展、权益保护、纠纷处理以及人才评价等方面的服务。倡导和鼓励行业协会商会设立市场主体维权服务平台，参与和支持企业维权，提升维权效率和管理水平。

县级以上人民政府及其有关部门应当依法加强对行业协会商会收费、评比、认证的监督检查。

第三十三条 省人民政府及有关部门应当依法将市场主体信用信息归集至信用信息共享平台。

省人民政府发展改革部门应当加快社会信用体系建设，通过信用门户网站提供信用查询服务和信用报告下载服务。有关部门应当在税收征管、工程建设、生态环境保护、交通运输、安全生产、食品药品、教育、医疗等重点领域对市场主体及其从业人员进行行业信用评价。

县级以上人民政府应当依法依规运用信用激励和约束手段，建立政府、社会共同参与的跨地区、跨部门、跨领域的守信激励和失信惩戒机制，营造良好的社会诚信环境。

第三十四条 各级人民政府应当加强政务诚信建设，建立健全政务失信责任追究制度和责任倒查机制，加大政务失信惩戒力度；保持政策的连续和稳定，不得随意改变依法作出的规划、行政决定等。

各级人民政府及其有关部门应当履行向市场主体依法作出的政策承诺以及依法订立的各类合同，不得以行政区划调整、政府换届、机构或者职能调整以及相关责任人调整等为由违约毁约。因国家利益、社会公共利益需要改变政策承诺、合同约定的，应当依照法定权限和程序进行，并依法对市场主体因此受到的损失予以补偿。

第三十五条 政府投资应当按照科学决策、规范管理、注重绩效、公开透明的原则量力而行。政府投资项目所需资金应当按照国家有关规定确保落实到位。

第三十六条 国家机关、事业单位不得违约拖欠货物、工程、服务等账款，不得变相延长付款期限，不得无故不进行项目验收和决算审计，切实维护市场主体合法权益。

县级以上人民政府及其有关部门应当加大对国家机关、事业单位拖欠市场主体账款的清理力度，并通过加强预算管理、严格责任追究等措施，建立防范和治理国家机关、事业单位拖欠市场主体账款的长效机制。

第三十七条 市场监管、税务等有关部门应当完善市场主体注销协同联办机制，优化注销办理流程、精简申请材料、压缩办理时间、降低注销成本，建立市场主体注销网上服务专区，实现市场主体注销全流程网上办理。

市场主体未发生债权债务或者已将债权债务清偿完结，未发生或者已结清清偿费用、职工工资、社会保险费用、法定补偿金、应缴纳税款（滞纳金、罚款），并由全体投资人书面承诺对上述情况的真实性承担法律责任的，可以按照简易程序办理注销登记。

第三十八条 省人民政府有关部门应当健全司法鉴定、资产评估、审计审价等行业管理制度，督促相关机构优化工作流程、压缩工作时限，提高工作质量。

省高级人民法院应当建立健全司法鉴定、资产评估、审计审价等受托机构的遴选、评价、考核的规则和标准，向社会公布，并定期向相关部门通报对受托机构的考核结果。

各级人民法院应当加强网上诉讼服务平台建设，实行在线诉讼模式，提升立案、审理、执行效率，降低市场主体执行合同的时间和成本。推进民事诉讼程序繁简分流改革试点，提高简易程序和小额诉讼程序适用率；推进网络执行查控系统建设，依法保障胜诉当事人及时实现权益。

第三十九条 建立由省人民政府牵头、省高级人民法院和省发展改革部门共同召集、相关部门参加的企业破产工作省级府院协调机制，统筹推进企业破产处置工作，及时沟通解决企业破产过程中的问题。市州、县应当比照建立企业破产工作府院协调机制，协调解决企业破产程序中的有关问题。

人民法院应当优化破产流程，提高破产案件审判效率，完善执行与破产的信息交流和共享机制，推进执行与破产工作的有效衔接，探索建立重整识别、预重整等破产拯救机制，完善市场主体救治和退出机制。

第四章 政务环境

第四十条 省人民政府应当统筹推进数字政府建设，以全省网上政务服务平台作为总门户，完善网上政务服务平台功能，推动线上和线下政务服务融合，除法律、法规另有规定或者涉及国家秘密等情形外，政务服务事项全部纳入网上政务服务平台办理，推动实现全省全流程一网通办。

第四十一条 省人民政府政务服务管理机构指导省政务服务中心依托全国一体化在线政务服务平台，建立省际协同服务机制，通过全程网办、异地代收代办、多地联动等方式，实现政务服务事项跨省通办。

支持市州、县级人民政府政务服务管理机构根据经济社会发展需要，推进劳务对接、社会保险、养老服务、公积金、市场主体登记注册等领域跨省政务服务协作。

第四十二条 县级以上人民政府应当因地制宜设立和规范政务服务中心，统筹推进园区、乡镇、街道政务服务大厅和社区便民服务站点建设，合理设置功能分区，满足政务服务事项集中办理需要，推行政务服务事项一窗通办、全省通办和当场办理、一次办成。

各级政务服务中心应当设立举报投诉信箱、公布举报电话，建立政务服务好差评制度、第三方评估、明查暗访等多元化监督评价体系。对差评事项，办理该事项的政务服务机构应当调查核实，情况清楚、诉求合理的，按照规定进行整改纠正。各级政务服务中心应当做好协调指导、督促检查、复核申诉等工作。

第四十三条 省政务服务中心应当定期对部门政务服务事项办理和系统融通的成效进行评估，评估情况及时向省人民政府报告。

省政务服务中心应当加强对各级政务服务中心的业务指导和服务质量监测，严格进行考核通报，加快推动全省政务服务一体化、标准化、规范化。

第四十四条 本省严格控制新设行政许可，禁止以备案、登记、注册、目录、规划、年检、年报、监制、认定、认证、审定以及其他任何形式变相设定或者实施行政许可。对通过事中事后监管或者市场机制能够解决以及行政许可法和国务院规定不得设立行政许可的事项，一律不得设立行政许可。

实行行政许可清单管理制度。清单之外不得违法实施行政许可；对已取消的行政许可，行政机关不得继续实施或者变相实施，不得转由行业协会商会或者其他组织实施。

对实行行政许可管理的事项，行政机关应当通过整合实施、下放审批层级等多种方式，优化审批服务，提高审批效率。

第四十五条　县级以上人民政府应当深化投资审批制度改革，根据项目性质等分类规范审批程序，精简审批要件，简化技术审查事项，分类建立投资项目审批管理事项，统一规范事项名称，统一审批标准，实行与相关审批在线并联办理，实现投资项目一窗受理、一次办理、一站服务、限时办结。

健全投资项目审批部门协同工作机制，加强项目立项与用地、规划等建设条件衔接，优化投资项目前期审批流程。鼓励有条件的地区对投资项目可行性研究、用地预审、选址、环境影响评价、安全评价、水土保持评价、压覆重要矿产资源评估等事项，实行项目单位编报一套材料，部门统一受理、同步评估、同步审批、统一反馈，推进项目早落地、早投产。

强化全省投资项目在线审批监管平台综合作用，相关部门在线审批业务系统应当主动对接、推送数据，实现统一赋码、信息互通、业务协同，提高审批效率和服务质量。

第四十六条　特殊工程和交通、水利、能源等领域重大工程以外的工程建设项目，住房城乡建设、发展改革、自然资源等有关部门应当按照国家有关规定优化工程建设项目审批流程，减少办理环节和申请材料，实现立项、用地、规划、施工、竣工验收等各阶段一表申请、一窗受理、并联审批、限时办结，推动工程建设项目审批实现全流程网上办理。

第四十七条　省人民政府住房城乡建设部门应当按照国家制定并公布的各类工程建设项目风险划分标准和风险等级，会同发展改革、自然资源等部门根据建设工程规模、类型、位置等因素，制定社会投资工程建设项目分类管理制度，并按照风险等级实施差别化审批、监督和管理。

在确保质量安全前提下，对社会投资的小型低风险工程建设项目，由有关部门发布统一的企业项目范围、开工条件。项目单位取得用地、满足开工条件后作出相关承诺，有关部门直接发放相关证书，项目即可开工。社会投资的小型低风险工程建设项目工程规划许可和施工许可依法可以合并办理的，应当合并办理。从立项到不动产登记全流程审批时间累计不超过 15 日。房屋建筑工程类社会投资项目审批时间不超过 40 日。

对重大工程建设项目中不影响安全和公共利益的非关键要件，在审批流程中探索试行容缺后补，允许市场主体在竣工验收备案前补齐相关材料。

第四十八条　作为办理行政审批条件的中介服务事项（以下称法定行政审批中介服务）应当有法律、法规或者国务院决定依据；没有依据的，不得作为办理行政审批的条件。中介服务机构应当明确办理法定行政审批中介服务的条件、流程、时限、收费标准，并向社会公开。

行政机关不得为市场主体指定或者变相指定中介服务机构；除法定行政审批中介服务外，不得强制或者变相强制市场主体接受中介服务。行政机关所属事业单位、主管的社会组织及其举办的企业不得开展与本机关所负责行政审批相关的中介服务，法律、行政法规另有规定的除外。

行政机关在行政审批过程中需要委托中介服务机构开展技术性服务的，应当通过竞争性方式选择中介服务机构，并自行承担服务费用，不得转嫁给市场主体承担。

第四十九条　县级以上人民政府有关部门公布依法确需保留的证明事项清单，列明设定依据、索要单位、开具单位、办理指南等。清单之外，任何单位不得索要证明。

可以通过法定证照、法定文书、书面告知承诺、政府部门内部核查和部门间核查、网络核验、合同凭证等办理的，能够被其他材料涵盖替代的，或者开具单位无法调查核实的，以及不适应形势需要的证明事项，应当取消。

县级以上人民政府及其有关部门应当加强证明的互认共享，不得向市场主体重复索要，并按照国家和本省要求，探索证明事项告知承诺制试点。

第五十条　海关、商务等有关部门应当落实国家精简进出口监管证件和优化办证程序的要求，优化口岸通关流程和作业方式，推广应用进出口申报、检验、税费报缴、保证保险等环节的便利化措施；对符合规定条件的市场主体，实行先验放后检测、先放行后缴税、先放行后改单管理。推行查验作业全程监控和留痕,有条件的地方实行企业自主选择是否陪同查验。鼓励企业提前申报通关,提前办理单证审核,对于提前申报通关存在差错的,按照有关容错机制处理。

加快国际贸易单一窗口功能由口岸通关执法向口岸物流、贸易服务等全链条拓展,为申报人提供进出口货物申报、运输工具申报、税费支付、贸易许可和原产地证书申领等全流程电子化服务,推广跨境电商、在线收付汇、贸易融资、信用保险、出口退税、智慧国际物流等地方特色应用。

商务、发展改革等部门统筹口岸收费目录清单管理工作,完善目录清单动态管理机制,建立口岸收费监管协作机制。收费主体应当在国际贸易单一窗口公开收费依据、收费目录和收费标准,目录之外不得收取其他费用。

第五十一条 税务、人力资源社会保障、医保、住房城乡建设等部门在确保信息安全的前提下,应当为市场主体缴纳税费、公积金采取下列便利措施:

(一)推动涉税(费)事项全省通办;

(二)简化增值税等税收优惠政策申报程序,在法定要求外原则上不再设置流转环节;

(三)推行使用财税辅助申报系统,为市场主体提供财务报表与税费申报表数据自动转换服务;

(四)推动社会保险、医疗保险、住房公积金工资基数合并申报,实现网上缴纳,减少市场主体缴纳次数,压缩办理时间;

(五)推行增值税电子专用发票、增值税电子普通发票、缴费凭证以及其他电子票据、凭证的使用;

(六)推进税费事项网上办、掌上办,拓展非接触式办税缴费服务;

(七)充分运用信息化手段,及时对市场主体进行纳税提醒和风险提示。

第五十二条 不动产登记机构应当按照国家有关规定加强与住房城乡建设、税务、公安、民政等部门的协作,为市场主体转让不动产提供登记、交易和缴税一窗受理、并行办理服务，办理时间不超过 1 日。住房城乡建设、税务、市场监管、公安、民政、财政等部门应当实现与不动产登记机构的信息共享。

不动产登记机构、公用企业事业单位、金融机构应当为市场主体提供水电气网过户与不动产登记同步办理服务，由不动产登记机构统一受理，一次性收取全部材料并同步推送至水电气网等公用企业事业单位并联办理相关业务。

第五十三条 实施动产和权利担保统一登记，市场主体通过中国人民银行征信中心动产融资统一登记公示系统自主办理动产担保登记，并对登记内容的真实性、完整性和合法性负责。

市场主体办理动产担保登记，可以对担保物进行概括性描述。动产担保双方当事人可以约定担保权益涵盖担保物本身及其将来产生的产品、收益、替代品等资产。法律、行政法规另有规定的，从其规定。

第五十四条 县级以上人民政府按照规定定期开展杰出企业家、行业领军企业家、优秀企业家评选工作，进行表彰奖励，聘请优秀企业家担任政府经济顾问，形成尊重企业家价值、鼓励企业家创新、发挥企业家作用的社会氛围，营造企业家健康成长环境。

鼓励和支持高等学校、科研院所、行业协会商会等面向企业家开展政策法规、管理知识、科技创新等培训，增强企业家发现机会、整合资源、创造价值、回馈社会的能力。

第五十五条 县级人民政府应当按照构建亲清新型政商关系的要求，建立规范化常态化政企沟通机制和网格化企业服务模式，在乡镇、街道、园区及商务楼宇等明确专门人员为协调解决企业诉求提供服务。

第五十六条 省人民政府优化营商环境工作主管部门应当统筹全省招商引资工作，履行目标制定、统筹调度、督促检查、考核评价等职责。

省人民政府有关主管部门应当完善招商工作机制，按照管产业就要抓招商的要求，落实本行业重大招商责任，推进新型工业化、新型城镇化、农业现代化、旅游产业化招商引资工作。

县级以上人民政府及其有关部门在招商引资工作中，应当建立全程跟踪服务机制，对重大招商引资项目，指定专门人员全程跟踪服务，及时帮助协调解决项目审批、建设和生产经营中的困难和问题。

第五章 监管执法

第五十七条 县级以上人民政府及其有关部门应当建立信用监管和联合奖惩机制，依据市场主体的信用状况及风险程度等，实施差异化分类监督管理。对信用良好的市场主体减少监督检查比例和频次；对信用风险较大的市场主体加大监管力度；对严重失信主体依法实施联合惩戒。

有关部门应当制定分类监管实施细则，严格规范联合惩戒名单认定，依法开展失信联合惩戒。

第五十八条 县级以上人民政府及其有关部门应当按照国家有关规定建立健全信用修复机制，明确失信信息修复的条件、标准、流程等要素。对于符合信用修复条件、完成信用修复的市场主体，有关部门应当依法依规及时停止公示其失信信息，终止实施信用惩戒措施。

鼓励市场主体通过纠正失信行为、履行法定义务、消除不利影响或者作出信用承诺等方式，修复自身信用。

第五十九条 各级人民政府及其有关部门应当按照鼓励创新的原则，对新技术、新产业、新业态、新模式等实行包容审慎监管，针对其性质、特点分类制定和实行相应的监管规则和标准，在留足发展空间的同时确保质量和安全，不得简单化予以禁止或者不予监管。

第六十条 县级以上人民政府有关部门应当按照监管全覆盖的要求，依法编制职责范围内的监管事项目录清单，明确监管主体、事项、对象、措施、设定依据、流程、结果、层级等内容和事项，实行动态管理并定期向社会公布。

对食品安全、药品安全、公共卫生、安全生产、自然资源保护、生态环境保护等重点监管领域，实行全覆盖重点监管，并严格规范重点监管程序。重点监管事项清单由省人民政府有关部门按照监管职能职责制定并定期向社会公布。在监管过程中涉及的市场主体商业秘密，应当依法予以保密。

第六十一条 本省应当推进综合行政执法体制改革，推进跨部门、跨领域综合行政执法，减少执法主体和执法层级，规范行政执法行为，防止重复执法和执法缺位。

县级以上人民政府及其有关部门应当全面落实行政执法公示制度、执法全过程记录制度和重大执法决定法制审核制度，推广运用行政执法三项制度工作平台，通过考核、定期报告、协调指导、执法数据共享等方式，实现执法信息互联、监管标准互通、处理结果互认。

对需要在特定区域或者时段对监管对象实施不同监管部门多项监管内容检查的，采用联合检查的方式，由政府统筹、牵头部门组织、相关部门参加，在同一时间、针对同一对象，实施一次检查，完成所有检查内容。

除对直接涉及公共安全和人民群众生命健康等特殊行业、重点领域的企业外，同一系统上级部门已对同一企业实施检查的，下级部门原则上不得再次实施。

第六十二条 各级人民政府有关部门应当制定本部门年度检查计划，并于每年3月底前向社会公布。年度检查计划应当包括检查主体、检查对象范围、检查方式、检查项目和检查比例等内容。

各级人民政府应当督促指导有关部门在现场检查中推行检查清单制度。有关部门应当依法制定本行业、本领域检查清单，明确检查内容、检查方式和检查标准等。

有关部门应当按照检查清单实施现场检查，不得擅自改变检查内容、检查方式、检查标准等，不得要求监管对象准备书面汇报材料或者要求负责人陪同，减少对市场主体的影响。

第六十三条 县级以上人民政府及其有关部门应当加强事中事后监管，不得以罚代管。依托国家统一建立的在线监管系统，推进部门业务监管系统与省"互联网＋监管"系统对接联通，推行远程监管、移动监管、预警防控等非现场监管，加强监管信息归集共享和应用，提升监管的精准化、智能化水平。

第六十四条　行政强制应当遵循合法、适当、教育与强制相结合的原则，对采用非强制性手段能够达到行政管理目的的，不得实施行政强制；对违法行为情节轻微或者社会危害较小的，可以不实施行政强制；确需实施行政强制的，应当限定在必需的范围内，尽可能减少对市场主体正常生产经营活动的影响。

对市场主体违法行为轻微并及时改正、没有造成危害后果的，应当给予提示后不予行政处罚，必要时可以将违法行为向社会公布。

根据《中华人民共和国行政处罚法》关于不予处罚或者从轻处罚、减轻处罚的规定，省人民政府有关部门可以制定涉企轻微违法行为不予行政处罚和涉企一般违法行为从轻减轻行政处罚的清单，并向社会公布。

第六十五条　开展清理整顿、专项整治等活动，应当严格依法进行，除涉及人民群众生命安全、发生重特大事故或者举办国家重大活动，并报经有权机关批准外，各级人民政府及有关部门不得在相关区域采取要求相关行业、领域的市场主体普遍停产、停业等措施。

采取普遍停产、停业等措施的，应当提前书面通知市场主体或者向社会公告，法律、法规另有规定的除外。

第六章　法治保障

第六十六条　县级以上人民政府应当每年向同级人民代表大会常务委员会报告优化营商环境工作。县级以上人民代表大会常务委员会可以采取听取工作报告、执法检查、专题调研、视察、质询、询问等方式对优化营商环境工作进行监督。

第六十七条　鼓励企业参与"法治文化建设示范企业"创建活动，提高企业法治文化建设意识，发挥法治文化建设在企业经营管理中的重要作用，提升企业依法经营、依法维权、依法办事、依法管理水平。

第六十八条　制定与市场主体生产经营活动密切相关的地方性法规、政府规章、行政规范性文件，应当充分听取市场主体、行业协会商会的意见。除依法需要保密的外，应当通过网络、报纸等向社会公开征求意见，并建立健全意见采纳情况反馈机制。向社会公开征求意见的时间一般不少于 30 日。

第六十九条 县级以上人民政府及其有关部门制定涉及市场主体权利义务的重大行政决策、行政规范性文件，应当按照规定进行合法性审核。

市场主体认为省人民政府和市、州人民政府制定的规章同法律、法规相抵触的，可以向制定机关书面提出进行审查的建议；认为行政规范性文件与法律、法规、规章相抵触或者行政规范性文件之间相互冲突的，可以向制定机关或者负责备案审查的司法行政部门书面提出审查的建议。

涉及市场主体权利义务的政府规章、行政规范性文件应当按照法定要求和程序予以公布，未经公布的不得作为行政管理依据。

第七十条 各级人民政府及其有关部门应当建立政府规章、行政规范性文件清理工作机制，发现与相关法律法规相抵触、对营商环境有损害、与经济社会发展需要不相适应的，应当及时修改或者废止。

第七十一条 县级以上人民政府应当建立公平竞争审查联席会议工作协调机制，统筹、指导、监督同级人民政府有关部门开展增量审查和存量清理工作，对同级人民政府有关部门公平竞争审查和清理情况进行抽查，并将抽查结果及时向社会公开。

县级以上人民政府及其有关部门在制定市场准入、产业发展、招商引资、招标投标、政府采购等与市场主体生产经营活动密切相关的政府规章、行政规范性文件和其他政策措施时，应当开展公平竞争审查。对专业性较强、争议较大、内容复杂或者涉及利益关系重大调整的有关竞争问题，可以提请同级公平竞争审查联席会议协调。

县级以上人民政府及其有关部门应当按照谁制定、谁负责的原则建立公平竞争审查投诉举报机制，及时纠正限制公平竞争的政策措施，并向投诉举报人反馈。

鼓励第三方机构参与公平竞争审查和市场竞争状况评估工作。

第七十二条 完善调解、仲裁、行政复议、行政裁决和诉讼等多元化纠纷解决机制，为市场主体提供高效、便捷的纠纷解决途径。

第七十三条　县级以上人民政府应当畅通行政复议渠道，对涉及市场主体的行政复议案件做到应收尽收、应受尽受、便捷高效。加强行政复议阶段和解、调解力度，充分保护市场主体合法权益。

第七十四条　各级人民政府应当落实"谁执法谁普法"的普法责任制，加强优化营商环境法律、法规、政策措施的宣传，引导市场主体合法经营、依法维护自身合法权益，不断增强全社会的法治意识。

各级人民政府及其有关部门应当加强国家工作人员法治教育培训，提高国家工作人员法治素养和依法履职能力。

第七十五条　政府及其有关部门应当整合律师、公证、司法鉴定、调解、仲裁等公共法律服务资源，加快推进公共法律服务体系建设，为市场主体提供全方位法律服务，引导和帮助市场主体依法维权。

县级以上人民政府应当推动信息技术在公共法律服务领域的应用，推动部门间数据共享，方便当事人查询和应用有关信息。

第七十六条　县级以上人民政府应当建立优化营商环境检查通报、问题整改工作机制，通过专项督察、日常督导、社会公众监督等方式加强对优化营商环境工作、办理市场主体诉求等情况进行监督检查。

鼓励新闻媒体及时客观曝光损害营商环境的行为和典型案件，发挥舆论监督作用。

第七十七条　各级人民政府、有关部门及其工作人员有下列损害营商环境情形的，由有权机关责令改正，逾期不改正的，优化营商环境工作主管部门可以向同级人民政府提出处理建议；造成严重后果的，对直接负责的主管人员和其他直接责任人员依法给予政务处分：

（一）违反规定在政府采购和招标投标等公共资源交易活动中限制或者排斥潜在供应商或者投标人；

（二）违反一网通办工作要求对企业开办申请未在规定时限内办结；

（三）限制企业申请办理住所等相关变更登记或者违反规定要求重复办理企业迁移后其持有的有效许可证件；

（四）未及时公布惠企政策清单或者对确需市场主体提出申请的惠企政策未合理设置并公开申请条件；

（五）对社会投资的低风险工程建设项目未在规定时限内审批的；

（六）违反规定在证明事项清单之外索要证明；

（七）未在规定时限内办结不动产转让登记服务；

（八）制定与市场主体生产经营活动密切相关或者涉及市场主体权利义务的政府规章、行政规范性文件和其他政策措施时未按照规定进行合法性审核或者公平竞争审查；

（九）其他不履行优化营商环境职责或者损害营商环境的情形。

第七十八条 公用企业事业单位、中介服务机构和行业协会商会违反本条例规定损害营商环境的，除依照有关法律、法规承担法律责任外，有关部门应当按照国家和省有关规定将违法情况纳入信用信息公示系统和信用信息共享平台。

第七十九条 违反本条例规定的其他行为，法律、法规有处罚规定的，从其规定。

第七章 附 则

第八十条 本条例自 2022 年 1 月 1 日起施行。2017 年 9 月 30 日贵州省第十二届人民代表大会常务委员会第三十一次会议通过的《贵州省外来投资服务和保障条例》同时废止。